Michael Herl

Eigentlich ...

99 Kolumnen

Schöffling & Co.

Die Kolumnen erschienen in leicht veränderter Gestalt erstmals in der *Frankfurter Rundschau* und wurden vom Autor für diese Ausgabe verfeinert.

Erste Auflage 2017
© Schöffling & Co. Verlagsbuchhandlung GmbH,
Frankfurt am Main 2017
Alle Rechte vorbehalten
Satz: Fotosatz Amann, Memmingen
Druck & Bindung: Pustet, Regensburg
ISBN 978-3-89561-666-2

www.schoeffling.de

**Eigentlich ... ist alles anders,
als es jemals nie war**

Sardinen shoppen

Eigentlich bin ich ja keine Shopping Queen. Obwohl, wenn ich mir so manche Damen in der gleichnamigen Privatfernsehsendung ansehe, könnte ich da in Statur, Grazilität und Elfengleichheit durchaus mithalten. Der dort moderierende Fashionfritze würde dann womöglich säuseln: »Sie ist ein burschikoser Typ, sie kann das tragen.« Aber nun bin ich halt mal – da beißt die Maus keinen Faden ab – ein Mann und selbst als solcher noch überdurchschnittlich einkaufsfaul. Ich verabscheue Läden jedweder Art, einzig in den Lebensmittelabteilungen französischer Supermärkte könnte ich tagelang verweilen. Doch die sind bekanntlich weit weg. Umso befremdlicher finde ich, dass in einschlägigen Umfragen »Shopping« von vielen Deutschen als eine ihrer beliebtesten Freizeitbeschäftigungen angegeben wird. Die Alternative dazu ist »Fun haben«, was ich natürlich für einen noch ausgemachteren Schwachsinn halte.

So kommt es, dass ich ausnahmsweise mal eine Allianz mit den Kirchen eingehe. Die nämlich versuchen beständig, zusammen mit den Gewerkschaften, verkaufsoffene Sonntage zu verhindern. Ich stimme dem Ansinnen zu, natürlich aus vollkommen anderen Gründen. Die Gewerkschaften möchten die Angestellten in den Läden schützen. Die aber werden sechs Tage die Woche ausgebeutet, warum dann nicht auch sieben? Der Ansatz muss doch ein anderer sein. Wer täglich acht Stunden und mehr in Kunstlicht und Klimaanlagenluft stehen muss, kann doch für eine solche Tortur gar nicht genug Geld kriegen. Und die Kirchen? Wer, nur weil ein paar verlorene Rentnerinnen zum Gebet gekrochen kommen, sonntagmorgens mit seinem Gebimmel die halbe Stadt aus den Kojen wirft, braucht mir nicht mit Sonntagsruhe zu kommen. Ich warte sehnlichst auf den ersten Ruf eines Muezzin. Das brächte wenigstens ein wenig Abwechslung und klingt außerdem heimeliger als das martialische Metallgeschepper. Dennoch: Wer gegen verkaufsoffene Sonntage ist, wird in dieser Sache von mir unterstützt.

Meine Gründe aber sind andere. Gehen Sie doch mal in eine beliebige deutsche Innenstadt. Was finden Sie dort? Den gleichen Dreck, von Garmisch bis Flensburg. Die gleiche Saison-Massenware, außerdem Handyläden und Backshops. Ebenso in Kaufhäusern, selbst im hochpreisigen Segment, und in den Supermärkten. Ihr Angebot ist bundesweit identisch, so wie McDonald's rund um den Globus den gleichen Bulettenmist verkloppt. Warum um Himmels Willen (High, Ihr kirchlichen Kampfgenossen) soll man denn diesen ganzen Kram auch noch sonntags kaufen können? Reicht es denn nicht, wenn Billigtextilien, Elektronikmüll und Fertiggerichte von Montag bis Samstag angeboten werden?

Wenn es anders wäre, ja, dann würde ich gerne auch sonntags einkaufen gehen. Wenn – da sind wir mal wieder in Frankreich – vormittags Fischgeschäfte geöffnet hätten, kleine Metzgereien und Gemüseläden, und wenn Bäcker richtiges Brot aus den Öfen ziehen würden und keine aufgebackenen Chemieklopse. Dann würde es mich aus dem Bette ziehen, hinab in die Stadt. Und ja, die Kirchenglocken würden mich auch nicht mehr stören, denn ich würde sie gar nicht wahrnehmen. Wäre ich doch inbrünstig mit dem Einkauf von Sardinen beschäftigt – und würde das von mir aus sogar »Shopping« nennen lassen.

November 2016

Von Linsen lernen

Eigentlich läuft man ja als Kolumnist ständig Gefahr, sich zu wiederholen. Auch ich. Egal, um welches Thema es geht, ich komme unwillkürlich – auch für mich selbst überraschend – häufig auf die gleiche Weisheit. Sie lautet: Sieh's doch mal einfach. Um das zu erkennen, muss man nicht gebildet sein, nicht klug und nicht studiert. Ganz im Gegenteil, das verkompliziert und verlängert den Prozess der Erkenntnisgewinnung sogar oft. Bei Unternehmen, die sich für elitär halten, gibt es den despektierlichen Begriff »Putzfrauentest«. Dabei wird ein Produkt – sei es ein Werbespruch, eine Illustrierte, ein Kinofilm oder ein Dosenöffner – einem Menschen einer vermeintlich niedrigeren Kaste präsentiert.

Dessen Meinung findet man dann »interessant,«»cool« oder gar »genial«, häufig allerdings, ohne sich daran zu halten. Offen begründet wird dies meist nicht, insgeheim gibt man halt nichts auf das Urteil eines Unreinen. Monate oder Jahre später, wenn das Produkt am Markt scheitert und Millionen an Verlust einfährt, betreibt man eine aufwändige Ursachenforschung – nie jedoch sagt einer der Weisen etwas wie »hätten wir doch damals auf den Halbaffen gehört«, geschweige denn »die Testpersonen waren klüger als wir«.

Dabei ist den sogenannten »Entscheidern« gar nicht mal wirklich was vorzuwerfen. Auch sie sind Menschen, und für die ist es in der heutigen Zeit gar nicht so einfach, normal zu reagieren. So manches Viehzeug trifft ja schon irrationale Entscheidungen, obwohl es noch viel näher an seinen Urinstinkten dran ist als unsereins. Unlängst las ich gar von Linsen, die in die vollkommen falsche Richtungen wuchsen, nur weil man ihnen von dort das Geräusch einer rauschenden

Klospülung vorspielte. Wenn nun schon Hülsenfrüchte angesichts der heutigen Verhältnisse Unfug treiben, sind doch wir Menschen erst recht den manipulativen Auswüchsen der modernen Zeiten ausgeliefert.

Andererseits könnte man sagen: Die Linsen waren nicht gewarnt. Und ich bin mir ziemlich sicher, dass sie aus Fehlern lernen können. Wenn sie einmal erlebt haben, dass in einer Kloake nur Kackbrühe zu finden ist, werden sie dort nicht mehr hinwachsen und zum Schutz ihrer Nachkommen Toiletten als »No-Go-Area« in ihrer Genetik abspeichern. Das unterscheidet die Linsen von den Menschen. Der nämlich suhlt sich geradezu darin, Fehler zu wiederholen und, nicht nur das, sie sogar noch zu perfektionieren. So müssten wir doch nicht erst seit dem Untergang der Titanic wissen, dass blindes Vertrauen in technische Entwicklungen nicht sehr verantwortlich ist. Was aber geschah? Klitzekleines Beispiel: Unlängst stand ich in einer zum Bersten mit Wurst gefüllten Metzgerei. Kaufen konnte ich davon keinen Zipfel. Der Kassencomputer hatte sich aufgehängt. Erst nach einem Restart kam ich zu meinem Presskopf. Und wie ich auf dieses Thema komme? Och, nichts Besonderes. Es haben nur mal eben einige Computerbuben weltweit Hunderttausende Rechner stillgelegt. Und damit Krankenhäuser, Universitäten, Verwaltungen, Bahnhöfe und Fabriken. Bis zu ihrem Untergang hatte die gesamte Fachwelt die Titanic für unsinkbar gehalten. Vor einem solchen Hackerangriff hingegen wird seit Jahren gewarnt. Und es wird mit Sicherheit nicht der letzte sein – und nicht der größte bleiben.

Mai 2017

Ist Gott ein Hefeklops?

Eigentlich, lieber Gott, schreibe ich ja nie einen Brief an jemanden, den es nicht gibt. Doch was soll's. An Ostern und Weihnachten machen ja viele mit Dir rum, nun halt auch mal ich. Also, lieber Gott (ich duze Dich mal, das macht ja jeder), also, lieber Gott (aber wenn Dich alle duzen, wieso weiß dann niemand Deinen Vornamen?), egal. Ich fange noch mal an. Also, lieber Gott (da fällt mir ein, manche nennen Dich ja Herr Gott, aber duzen Dich dennoch. Komisch). Also, lieber Gott, was ich Dir schon immer mal sagen wollte: Ich möchte nicht an Deiner Stelle sein. Jetzt mal im Ernst: Du bist doch der Depp für alle und jedes. Das fängt schon an bei Deinem Namen. Manche nennen Dich Gott, andere Mohammed oder Buddha, um nur einige Namen zu nennen. Dir geht es also wie einem Kreppel. So heißt er in Frankfurt, in Berlin aber Pfannkuchen, in Hamburg Berliner, in Bayern Krapfen und in der Pfalz Fastnachtsküchelchen. Dabei ist es nichts weiter als ein Hefeklops. Nein, Gott, nicht zürnen. Ich halte Dich nicht für einen Hefeklops. Mein Name ist schließlich Michael, das kommt aus dem Hebräischen und bedeutet »Wer ist wie Gott« und nicht »Wer ist wie ein Hefeklops«.

Aber zurück zu meinem Ansinnen. Sag mal, drehst Du nicht langsam durch? Wenn ich nur überlege, wer sich nicht alles auf Dich beruft. Da muss man doch kirre werden. Nimm nur mal ein Elfmeterschießen. Da bekreuzigen sich Spieler und bitten um Deinen Beistand. Aber das tun doch viele, sogar die Torhüter. Was machst Du da? Würfeln? Oder im Krieg. Militärpfarrer auf beiden Seiten segnen die Waffen. Und Du arme Sau stehst dazwischen. Oder nehmen wir mal die Vollstreckung der Todesstrafe in den USA. Wenn dort ein

Gefangener ermordet wird, wer ist da mittenmang dabei? Ein Priester. Dabei hast Du doch mal gesagt: »Du sollst nicht töten«.

Ich will nun nicht an Deiner Schöpfung herumkritteln. Ich mosere auch nicht über Verspätungen bei der Deutschen Bahn, sondern führe mir vor Augen, was für eine gigantische logistische Aufgabe die jeden Tag bewältigt. Das ist bewundernswert. So sehe ich auch Dein Werk. In nur sechs Tagen eine Welt zu schaffen, das ist eine reife Leistung. Das ist genial bis ins kleinste Detail. Besonders fasziniert mich, wie die Wasseramsel ihr Gefieder einfetten kann. So kann sie selbst in eiskalten Bächen nach Nahrung tauchen. Großartig. Oder der Bärwurzschnaps. Unglaublich, wie der einem hilft, eine Schweinshaxe zu verdauen.

Doch jetzt kommt's, mein Lieber, Du ahnst es bereits. Ich meine die Sache mit dem Personal. Ich weiß, wie schwer es ist, gute Leute zu kriegen. Aber was sich in Deinen Klitschen da so rumtreibt … Unlängst musste ich die Trauerrede einer blutarmen Pastorin erdulden. Mein lieber Scholli! Thema verfehlt, totenlangweilig, setzen, sechs. Schmallippiges Psalmengeplapper, von Seelsorge keine Spur. Da musste echt was ändern. Was? Das fragst Du mich? Nun, es kommen ja gerade viele Arbeitssuchende ins Land. Oder vielleicht kann ja ein Imam das noch mitmachen? Pfarrer müssen ja keine Christen sein. Ich kenne auch einen veganen Metzger. Aber so? Nee, nee, lieber Gott. Ich sehe da schwarz. Und jetzt höre ich auf, sonst fange ich vor lauter Mitleid noch an, an Dich zu glauben. Adieu, Dein Michael.

Dezember 2012

Bubi Böhmermann und sein Traum vom Ruhm

Eigentlich möchte man sich schon seit Tagen an den Kopf fassen und fragen: »Habt Ihr denn alle einen an der Waffel?« Alle, Ihr alle. Ausnahmslos. Böhmermann vorneweg, Merkel, Erdoğan, das ZDF, die sogenannte »soziale Gemeinde«, Politiker aller Schattierungen, die üblicherweise verdächtigen »Künstler und Prominente«, die auf Knopfdruck den vermeintlichen Untergang der westlichen Werte beweinen. Kopflosigkeit, wohin man auch schaut. Und das nur, weil ein spätpubertierender Hansl mit wüsten Beschimpfungen auf sich aufmerksam machen wollte. Leute, geht's noch? Und könnt Ihr denn nicht endlich damit aufhören?

Die Sache ist doch denkbar einfach. Ein Mensch hat einen anderen öffentlich beleidigt und gehört dafür abgewatscht. Punkt. Und zwar ohne Ansehen von Rang und Popularität des Betroffenen. Der nun so berühmt gewordene Schwachsinnsparagraph 103 (»Majestätsbeleidigung«) spielt dabei nämlich erst mal überhaupt keine Rolle. Eine Beleidigung ist eine Beleidigung, egal, ob ein ausländischer Politiker geschmäht wird oder Erwin Knopp vom Kiosk vorne an der Ecke. Was Bubi Böhmermann zu dieser Unflätigkeit trieb, ist dabei egal.

Der vormals nur wenigen bekannte Möchtegern-Komödiant hat sich unter einem fadenscheinigen Vorwand arg in Ton und Wortwahl vergriffen. Ganz gleich, ob ein Herr Erdoğan eine menschenverachtende und rassistische Politik betreibt oder nicht – Beleidigungen so weit unter der Gürtellinie gehören gesühnt, erst recht in einer demokratischen Gesellschaft, wie wir sie einem Herrn Erdoğan so gerne vorspiegeln. Zudem bietet dieser Mann eine so riesige Angriffsfläche wie sonst kaum jemand auf diesem Erdenball. Man könnte ihn monatelang mit täglich neuen, berechtigten und beweisbaren Vorwürfen überhäufen und ihn damit ständig wiederkehrend zur Weißglut bringen. Was muss man sich da seines angeblich zu kleinen Geschlechtsteils bedienen? Das ist doch ganz kleines Tennis, Böhmermann, so was war schon auf dem Schulhof albern. Und nota bene: Auch ein Recep Tayyip Erdoğan hat Menschenrechte – und die zu achten ist vörderste Pflicht eines jeden, der ihn gerade wegen der Missachtung solcher an den Pranger stellt.

Ein Profilierungssüchtiger hat Händel mit einem Selbstdarsteller. Dass die Kanzlerin diesen Zwist voreilig und vollkommen unmerkelig hurtig zur Staatssache erklärte, konnte beiden nur recht sein. Ins bizarre Bild passt, dass bei der Sache auch noch ein Paragraph aus der Mottenkiste gezergelt wurde, der so zeitgemäß ist wie die einst zur Finanzierung der kaiserlichen Kriegsmarine erdachte Sektsteuer. Am Ende wird es nur Verlierer geben, so viel ist mal klar. Böhmermann heult schon jetzt memmig rum, Erdoğan hat sich mal wieder zum Affen gemacht und Merkel alles falsch.

Das ZDF gab in seinem geriatrischen Bemühen um mehr Jugendlichkeit sowieso ein tatteriges Bild ab, und die soziale Trauergemeinde, sie wird mit all den »Künstlern und Prominenten« im Gepäck wie üblich weiterziehen zur nächsten Mücke, aus ihr einen Elefanten zu machen. Zurück bleiben zwei Erkenntnisse: Das ganze Leben ist womöglich ein Quiz, aber es ist keine Comedy. Und: Satire darf alles, aber nicht alles ist Satire. Mit mangelnder Meinungsfreiheit hat dies überhaupt nichts zu tun.

April 2016

Betrüger Ernst und seine Würste

Eigentlich wundert mich ja schon lange nichts mehr. Spätestens seit bekannt wurde, dass Ernst ein Betrüger war. Ernst, ein hagerer, wortkarger Mensch, stand immer auf dem Pirmasenser Wochenmarkt mit Schiebermütze und fleckiger Metzgersschürze in einer windschiefen Holzbude hinter einem mit Holzkohle gefüllten, halben Fass und grillte wunderbare Bratwürste. Irgendwann, es mag Anfang der siebziger Jahre gewesen sein, wurde bekannt, dass jener Ernst, dessen Würste uns jeden Samstagvormittag wieder wie eine kleine Offenbarung vorkamen, dass jener Wurstgott bei der Produktion seiner feisten Köstlichkeiten vergammeltes Fleisch verwendet hatte, das er durch die Zugabe von Chemikalien wieder wie neu riechen, aussehen und schmecken ließ. Als ich das erfuhr, brach meine kleine Welt zusammen. Wem sollte ich noch trauen, wenn nicht Ernst und seinen Würsten?

Seit diesem einschneidenden Erlebnis gehe ich mit anderen Augen durch die Welt. Alles, was geschieht, nehme ich mit Langmut hin, zucke mit den Schultern, denke mir »pah, war doch klar, musste ja so kommen«. Und immer wieder finde ich mich bestätigt, im Großen wie im Kleinen. Ferrero ließ die Beigaben für seine Überraschungseier von rumänischen Kindern in die Kapseln füllen? Logo. Die haben ja auch die »Kinderschokolade« erfunden. Außerdem machen wir das doch genauso, indem wir Billigklamotten kaufen, die in Bangladesch gefertigt wurden. Cristiano Ronaldo, Mesut Özil und wohl viele andere Kicker haben Millionen von Steuern hinterzogen? Klar, was denn sonst? Wer von uns Normalbürgern bliebe denn standhaft, wenn die Verlockung so groß wäre? Denn wer hat denn noch nicht versucht, private Bewirtungsbelege oder Tankquittungen in seine Steuererklärung zu mogeln? Oder doch noch eine Stange unverzollte Zigaretten im stinkenden Wäschesack zu verstecken? Apropos Flugreisen. Groß ist das Wehklagen, dass der Frankfurter Flughafen nun Billigairlines Rabatte gewährt und auch ansonsten um mehr Starts und Landungen buhlt. Das, obwohl doch allerorten der fürchterliche Fluglärm beklagt wird. Und was für fürchterliche Arbeitsbedingungen die Beschäftigten der Ryanair doch haben! Ja. Schlimm. Aber eine Fluglinie ohne Fluggäste wäre keine. Also läge es in unserer Hand, den Airport verkümmern zu lassen – indem wir weniger oder gar nicht fliegen. Doch wer ist denn nicht stolz darauf, ein Ticket nach Barcelona für 17 Euro ergattert zu haben? Oder wie gerne spenden wir denn? Gerade jetzt vor dem Fest der Liebe sitzt der Geldbeutel doch erst recht locker. Besonders gerne bedenken wir Tierschutzorganisationen, die sich etwa für Straßenhunde in südlichen Ländern einsetzen, weil die doch von herzlosen Zeitgenossen geschunden und geschlagen werden. Klar, dass wir da was überweisen. Und wenn wir schon auf der Bank sind, gehen wir noch rasch um die Ecke zum Discounter und kaufen ein Kilo Schweinesteaks für 5,55 Euro. Sind gerade im Angebot.

Wie heißt doch der alte Spruch, der gerade in der seligmachenden Weihnachtszeit an immer drolligerer Bedeutung gewinnt? »Wenn jeder an sich denkt, ist an alle gedacht«. Oder, um auf mein schlimmes Initialerlebnis auf dem Pirmasenser Wochenmarkt zurückzukommen: Sind wir nicht alle ein bisschen Ernst?

Dezember 2016

Trump als Chance – I have a Dream

Eigentlich sollte man ja zuerst vor der eigenen Türe kehren, das tue ich ja auch ständig. Also wage ich mal einen Blick nach draußen, und dort kann einen ja ebenso das kalte Grausen packen. Ungarn auf strammem Marsch nach Rechtsaußen, Österreich am Scheideweg, Polen kurz vor der Wiedereinführung der Inquisition, in Frankreich scharrt der Front National, in der Türkei wächst eine Diktatur, also Ungemach, wo immer man hinsieht.

Und blickt man weiter, hinüber in den fernen Westen, so baut sich dort etwas auf, das sich selbst kühnste Fantasy-Autoren niemals hätten vorstellen können. Ein Angriff Außerirdischer wäre ein Dreck gegen das, was dort im November geschehen könnte. Das Szenario: Ein verwirrter Selbstdarsteller schart mit selbstgebastelten Latrinenparolen die Mehrheit eines riesigen Volkes hinter sich. Donald Trump, die Inkarnation des amerikanischen Albtraums.

Man hat schon viel Gruseliges erfahren über diesen kaputten Gesellen, doch das war erst der Anfang. Es könnte noch viel schlimmer kommen, als die Unken bislang riefen. Allerdings darf sich ein Land, das sich seiner unbegrenzten Möglichkeiten brüstet, nicht wundern, wenn ihm solche Figuren entwachsen. Könnte er doch, so wie er ist, gerade einem Freizeitpark entsprungen sein, in den die US-Amerikaner scharenweise strömen, um beim gespielten Angriff notdürftig als Piraten verkleideter studentischer Aushilfskräfte in kollektive Weinkrämpfe zu verfallen. »Der Ami« lässt sich gerne exzessiv unterhalten, da kommt doch so einer wie Trump gerade recht. Nur, dass der halt echt ist, was viele im Land des großen Fake womöglich noch gar nicht bemerkt haben.

Es kann also entsetzlich werden. Aber wäre ein Wahlsieg des Exzentrikers wirklich so arg? Oder für die USA vielleicht längerfristig so heilsam wie ein Waldbrand für die Vegetation? I have a dream, und der geht so: Kommt Trump wirklich dran, wird es in der Tat erst mal furchtbar. Doch jede Krise birgt eine Chance – und die müsste genutzt werden. So könnte endlich mal wieder eine breite Gegenbewegung entstehen. So wie damals die der Blumenkinder, Beatniks, Black Panther, Schwulen und Gegner des Vietnamkriegs. Es könnte sich eine echte Linke entwickeln, womöglich gar unter Wiedererstarken der einst so kämpferischen »Unions«, der Gewerkschaften. Es könnten wieder Leitfiguren entstehen wie Martin Luther King, Malcolm X, Harvey Milk, Bob Dylan oder Joan Baez. Mein Traum geht weiter. Man könnte wieder verbindlicher werden, sich wirklich achten, also auch die Schwachen in der Gesellschaft und die vermeintlichen Taugenichtse. Man könnte Apartheid und Todesstrafe für immer vergessen machen, und man würde an die gute Sache glauben statt an Götzen wie Gott, Gewinn, Waffen, Fast Food und vermeintlich perfekte Körper.

Es könnte eine ganz andere Gesellschaft entstehen, die einen Trump sich selbst ad absurdum führen lassen würde. Die ihre »unbegrenzten Möglichkeiten« nutzt, um Sinnvolles zu stiften. Und meinetwegen auch schön Verrücktes. Wie wäre es zum Beispiel statt einem Firlefanz wie dem selbstfahrenden Auto mit einem sich selbst aufessenden Hamburger? Der würde unzählige Kinder vor der Fettsucht bewahren. Nur so als Idee, denn wie gesagt: I have a dream.

August 2016

Kommt die Gans, geht die Vernunft

Eigentlich bin ich ja kein Freund von Massenspeisungen und finde mich auch immer wieder bestätigt. Jetzt zum Beispiel ist wieder so was im Gange. Ich sage nur: Gänsebraten. Ja, ich weiß, seit den Zeiten des heiligen Martin ist es Brauch, Gänse zu essen. Also schon sehr lange. Relativ neu allerdings ist, dass diese Gepflogenheit epidemisch auftritt. Jede Firma, jeder Laden, jedes Amt, jede Abteilung, einfach alle gehen Gänse essen. Ständig und unaufhörlich. Kaum ein Lokal ohne »Gänsekarten«, nicht selten werden die Tiere auch »to go« angeboten oder den Gänsegierigen nach Hause gebracht. Ich frage mich nur: Wo kommen all die Tiere plötzlich her? War der Juniorchef wieder am Werk und betrieb eine wundersame Gänsevermehrung? Natürlich nicht. Stattdessen schieben Mäster in Polen, Ungarn, Rumänien und sonstigen einschlägigen Ländern seit Monaten Dauerschichten und stopfen auch noch die letzte klapperdürre Gänsegestalt binnen kürzester Zeit zur Schlachtreife.

Haben Sie sich schon einmal überlegt, was eine einigermaßen vernünftig gehaltene Gans im Einkauf kosten muss? Etwa drei bis vier Mal so viel wie eine fertig gebratene mit Rotkohl, Klößen, Maronen und Soße in einem Mittelklasserestaurant. Umgekehrt ausgedrückt: Für eine rund fünf Kilo schwere Gans, die man guten Gewissens verzehren kann, müsste man in einem Lokal ohne Beilagen etwa 300 Euro zahlen. Wie ich darauf komme? Ganz einfach. Das Tier kostet im Großeinkauf rund 20 Euro pro Kilo, mal fünf macht 100. Das, nach gängiger Gastro-Kalkulation mit drei multipliziert, ergibt besagte 300. Ein Wirt, der weniger verlangt, ist entweder ein Tölpel, oder er verkauft wissentlich geschundene Kreaturen.

Würden die Leute sich das bewusst machen, bliebe ihnen der Schlegel im Hals stecken wie einst Max und Moritz bei der Witwe Bolte. Tun sie aber nicht. Ganz im Gegenteil. Bei dem Gänsewahn machen sogar Menschen mit, die sonst im Leben eigentlich alle sieben Sinne einigermaßen beieinander haben. In der seligmachenden Weihnachtszeit aber scheint Nachdenken außer Kraft gesetzt zu sein. Wenn es alle tun, verliert Vernunft an Relevanz.

Das ist nicht nur bei der Gans so. Ich sage nur: Glühwein. Die Sangria der kalten Jahreszeit. Wenn er nicht heiß wäre, würden ihn die Leute aus großen Eimern mit Strohhalmen saufen. Ich persönlich trinke ihn nie, denn wenn er gut sein soll, muss man dafür einen guten Wein verwenden. Ein guter Wein aber ist viel zu schade für Glühwein. Den trinke ich lieber kalt. Das Gros der Menschheit hingegen wälzt sich mit infantilen Mützen auf dem Kopf über die Weihnachtsmärkte und schüttet dort ein Produkt in sich hinein, das es unter normalen Umständen strikt ablehnen würde, nämlich erhitzten Billigwein mit Nelken, Zimt und Zucker. Das infernalische Hirnhämmern am nächsten Morgen wird dann hingenommen, denn »Glühwein macht Kopfweh«. Nee, Leute, vollkommen falsch. Nicht Glühwein macht Kopfweh, sondern billiger Fusel, egal, ob heiß oder kalt getrunken. Aber sollen sie doch. Wein kann wenigstens nicht leiden – im Gegensatz zu Gänsen. Denen bringt nun auch die Geflügelpest nichts mehr. Denn die meisten sind längst gerupft und gefroren.

November 2016

Mein Freund der Stuhl ist tot

Eigentlich mache ich mir nicht viel aus Dingen. Okay, eine Flasche Wein ist auch ein Ding, doch das ist ein anderes Thema. Ich meine eher schnöde Güter des täglichen Konsums, wie sie in unserer Gesellschaft allzu schnell gekauft und allzu schnell auch wieder weggeworfen werden, so zum Beispiel Elektronisches, Modisches oder Ramschiges. Gleichzeitig bin ich aber auch kein Sammler (den Wein denken wir uns jetzt auch mal wieder weg). So entsorge ich sofort DVDs mit Filmen, die mir nicht gefallen haben. Ebenso verfahre ich mit solchen Büchern, auch wenn ich mir dabei wie ein schurkiger Bücherverbrenner vorkomme. Aber ich werfe sie ja nicht ins Feuer, sondern in die Altpapiertonne und stelle mir dann vor, dass aus ihnen einmal gute Bücher gemacht werden. Bei DVDs habe ich keine Gewissensbisse, denn die haben die Nazis ja meines Wissens auch nicht verbrannt. Ich vernichte diese Dinge übrigens absichtlich und verschenke sie nicht etwa weiter, denn ich finde nicht, dass man ihnen eine weitere Verbreitung angedeihen lassen sollte.

Gleichsam bin ich aber der Überzeugung, dass Dinge eine Seele haben. Auch möchte ich nicht ausschließen, dass ich womöglich als Radiergummi wiedergeboren werde. Ich hoffe nur, als großer, grüner mit weißen Seitenstreifen und nicht als blau-roter. Die mochte ich nie. Ich weiß, es mutet paradox an, Dingen ein Leben zuzugestehen und sie gleichzeitig wegzuwerfen. Aber darf ich denn nicht auch meine Widersprüche haben? Danke, sehr großzügig von Ihnen.

Ich komme auf dieses Thema, weil ich gestern über das vergangene Jahr nachdachte und was mir da so widerfahren ist. Dabei kam mir etwas sehr Trauriges in den Sinn, das ich vollkommen verdrängt hatte. Ich meine nun nicht das Fleischkäsebrötchen, das mir in den Main fiel, während ich auf einer Brücke stand und versonnen auf die Frankfurter Skyline blickte. Das war auch schlimm. Nein, ich meine die Sache mit dem Stuhl. Im Jahre 1984 war ich in seinen Besitz gelangt. Einsam stand er auf dem Flohmarkt, ich kaufte ihn für zwanzig Mark. Ein breiter Holzstuhl im Bauhausstil, womöglich original aus dieser Epoche, doch das war mir egal. Als ich mich so seiner erinnerte, wurde mir wehmütig, und ich öffnete eine Flasche Wein.

Plötzlich purzelten Bilder herbei. 32 Jahre lang war er mir ein treuer Begleiter gewesen. Was wir alles gemeinsam erlebt haben! In acht Wohnungen bot er mir eine Ruhestatt, nie hatte er sich beschwert, sondern langmütig mein Gewicht und meine Marotten ertragen. Er ließ sich von mir mit Wein übergießen, mit Cognac, mit Vinaigrette, mit Wurstwasser und mit Ölsardinenöl. Klaglos. Dann, vor einem guten halben Jahr, begann er zu ächzen. Erst leise, dann immer lauter. Dann fing er an zu wackeln, schließlich löste sich die Sitzfläche auf. Er war alt. Und schwach. Und müde. Irgendwann meinte ich gar, ihn nachts husten zu hören. Dabei hatte er nie geraucht. Aber ich. Hätte ich ihn besser behandeln sollen? Etwa mal leimen? Ich war doch noch so jung.

Den ersten Sperrmülltermin ließ ich verstreichen. Ich konnte ihn nicht rausstellen. Es regnete. Dann nahte der zweite. Ein trockener Tag, die Sonne schien. Wie geschaffen zum Sterben. Glauben Sie mir nun, dass Dinge keine Seele haben?

Januar 2017

Der Herl als Dragqueen

Eigentlich bin ich ja kein Freund von lärmendem Frohsinn. Ich mag keine Polonaisen, keine Stimmungskanonen, keine Animateure, keine Trinkspiele und selbstverständlich keine Karnevalsumzüge. So tut es nicht Wunder, dass mir auch das alljährliche Hupfgedohle beim CSD, dem Christopher Street Day, immer auf die Nerven ging. Was soll der Quatsch, fragte ich mich jedes Jahr, Homosexualität ist doch wie jegliche Sexualität etwas Intimes, außerdem längst in der Mitte der Gesellschaft angekommen. Warum dann solche Veranstaltungen? Ähnlich argumentierte ich gegenüber schwulen Freunden, die sich darüber beklagten, dass es in Frankfurt nicht mehr so viele Schwulenkneipen gibt, im Gegensatz etwa zu Köln. »Es ist doch heute selbstverständlich geworden, dass Männer sich lieben und küssen, auch in jedem Lokal. Was braucht es denn da noch eigene Kneipen?«, sagte ich dann immer. Nun denke ich anders. Zwar wird mir das Gehopse nach wir vor auf die Zwiebel gehen, doch mittlerweile finde ich solche Umzüge wichtiger denn je. Leider. Sie sind wie so vieles, von dem man glaubte, es habe sich überlebt, wieder unbedingt nötig. Oder was haben wir früher gelacht über Menschen, die im Halbdunkel Teelichter durch die Walachei trugen und »We shall overcome« sangen. Wir, die wirklich politisch Denkenden, fanden das Pillepalle. Heute sage ich: »Leute, tut es bitte wieder. Geht auf die Straße, möglichst zahlreich und möglichst oft, und nehmt meinetwegen auch wieder Teelichter mit – aber seid präsent, macht auf Euch aufmerksam, mahnt und protestiert.«

Am vergangenen Freitag übertrugen sie im Fernsehen die Bambi-Verleihung. Sie geriet ungewöhnlich. So war fast jeder

Redebeitrag ein Appell gegen Fremdenfeindlichkeit. Oliver Masucci, Hitler-Darsteller in *Er ist wieder da*, sagte in seinem Dankeswort: »Diese braune Soße, die sich durch Europa ergießt, die macht mir Sorgen«, und sogar Jogi Löw entfuhr eine regelrechte Philippika (»Deutschland steht bei uns drauf, Multikulti ist drin«), vor fast fünf Millionen Zuschauern, darunter gewiss nicht wenige, die es angeht, denn eine solche Sendung dürfte bar jeglichen Lügenpresse-Vorwurfs sein.

Nicht lange ist es her, als ich dies für larmoyantes Süßholzgeraspel gehalten hätte, für Gutmenschengetue, für öffentlichkeitswirksames Rumgeheule, und die Anmoderation Jogi Löws durch Schwabenpräsident Winfried Kretschmann wäre mir vorgekommen wie ein Werbeeinspieler für Seitenbacher-Müsli. Vorbei. Alles, was passiert gegen die furchterregenden Entwicklungen in Deutschland, Europa und vielen Teilen der Welt, ist wichtig. Jeder soll das tun, was er kann und was er für richtig hält. Hauptsache, er tut. Ich will und darf nicht mehr bewerten. Wenn eine Partei, die sich demokratisch gibt, die Presse und mithin die Öffentlichkeit von ihrem Parteitag ausschließt, ist es allerhöchste Zeit für Widerstand in allen gesellschaftlichen Bereichen.

So werde ich mich auch nie wieder lustig machen über einen CSD-Umzug. Und, Schwestern und Brüder, wenn es der Sache dient, verspreche ich an dieser Stelle, im nächsten Jahr vorneweg zu laufen – und zwar als Dragqueen, mit Strapsen und stelzengleichen High-Heels. Denn besondere Situationen verlangen besondere Maßnahmen.

November 2016

Tofuhirsche und Lupinenhasen

Eigentlich begrüße ich es ja, wenn Menschen sich von der Massentierhaltung angewidert abwenden. Ich selbst mache das schon, solange ich denken kann. Allerdings nicht unbedingt, weil mir die armen Tiere leidtun, wichtiger sind zwei andere Gründe. Zum einen ist da der ethisch-politische. Massentierhaltung bedeutet Ausbeutung. Damit wenige Menschen Unmengen von Fleisch verzehren können, müssen viele hungern und ihr Dasein in Armut fristen. Zum anderen schmeckt mir der Dreck einfach nicht. Schon bei dem Gedanken an ein Discounterschnitzel dreht sich mir der Magen um. Also esse ich nur gutes Fleisch, dafür aber weit weniger als der Durchschnittsbürger. Und ich begrüße natürlich zwangsläufig, dass sich viele Menschen vegetarisch oder vegan ernähren. Dagegen kann man nichts haben, nur gegen die selbstgefällige Art, wie viele ihre Ernährungsweise zu Markte tragen. Was ich allerdings überhaupt nicht verstehe: Warum essen diese Menschen dann Produkte, die aussehen, riechen und schmecken wie vom Metzger um die Ecke? Warum Brotaufstrich »nach Art einer Kalbsleberwurst«, »Mühlenmett« oder »Zwiebelschmalz vegan«?

Was kommt da noch alles auf uns zu? Der Verbraucher scheint bereit zu sein, der Industrie traue ich eh alles zu. Also wird es alsbald vegane Kutteln geben, Nierchen, Kalbshirn, Ochsenmaulsalat, Brieswurst, Zungenblutwurst, alles aus Soja, Seitan oder sonstigem Analogfleisch. Außerdem Froschschenkel, Weinbergschnecken, Austern, Langusten, Gänsestopfleber, Babykalamares und die einst so beliebte Schildkrötensuppe. Auch wird die alte Tradition der Hausschlachtung wieder aufleben. Man trifft sich in den kalten

Monaten früh um sechs im Hof, der vegane Fleischer bringt in einem Anhänger eine Zwei-Zentner-Sojasau herbei, einem Schwäbisch-Hällischen Landschwein täuschend echt nachempfunden. Sie kann auch grunzen und andere Geräusche machen, technisch kein Problem, das kriegt ja sogar eine tumbe Glückwunschkarte hin. Dann setzt er dem quiekenden Tier das Bolzenschussgerät an den Schädel. Ein dumpfer Knall, ein schneller Schnitt durch die Kehle des zappelnden Kolosses. Blut schießt heraus, wird in einer Wanne aufgesammelt und von den Kindern gerührt, damit es nicht gerinnt. Die Erwachsenen kippen währenddessen einen ersten Schnaps, während die Oma emsig die Därme reinigt. Schließlich sitzen alle am langen Tisch, verzehren die Innereien, kippen immer mehr vom Obstler und grölen Weisen wie »… do werd die Wutz geschlacht, daraus werd Worscht gemacht«.

So wird altes Brauchtum auch bei Veganers wieder gepflegt. Waidmänner katapultieren Fasane aus getrockneter Sojamilchhaut in die Lüfte und ballern sie wieder runter, und sie bejagen Tofuhirsche und Lupinenhasen, um sie dann in eine Strecke zu legen und stolz anzublasen. Und die Petrijünger setzen Tempehkarpfen aus und ziehen sie nach langem Kampf wieder heraus. Auch das Ausland wird sich selbstverständlich den Wünschen der deutschen Touristen anpassen. Man denke nur an die sonnengegerbten griechischen Fischer, wie sie auf der Kaimauer ihre Sojakalmare weichklopfen …

Sie halten das für Hirngespinste? Nun, hätten Sie vor zehn Jahren gedacht, dass es mal ein Erzeugnis namens »Chili con Carne ohne Fleisch« geben wird?

Oktober 2016

Frohsinnsmaschinen

Eigentlich hätte ich es mir auch leichtmachen können. Es gibt ja so Leute, sie gab es schon früher, in der Volksschule, in der Verwandtschaft, im Verein. So Leute, die alles toll finden. Die nirgendwo anecken, die zu allen freundlich sind, denen alles schmeckt, die immer dieses entsetzliche ewige Grinsen im Gesicht haben. Es sind die Leute, die nur das kritisieren, das sie selbst nicht ändern könnten, wie zum Beispiel das Wetter. Es sind Leute, die, wenn man ihnen im strömenden Regen begegnet, nichts Bekloppteres zu sagen haben als »Scheiß Wetter, nicht wahr?«, und denen man dann anmerkt, dass sie das nur sagen, weil sie genau zu wissen glauben, auf Bestätigung zu stoßen. Opportunistische Ärsche. Ich sage dann immer: »Nö, wieso? Welches Wetter?«, und stoße damit auf einen weiteren Grund, diese Menschen nicht zu mögen. Denn sie lassen sich nicht anmerken, ob sie mich nun für bescheuert halten, oder ob ich sie mit meiner flapsig-aggressiven Gegenfrage verletzt habe. Sie lachen nämlich nur blöd, sagen »Ja, ja, das Wetter« und gehen weiter. Besonders schlimme Exemplare stoßen dann noch ein »Wir können es nicht ändern« aus und lachen dann noch blöder.

Mein »Du hast es doch schon geändert, Du Arsch, weil Du seit Jahrzehnten um die halbe Welt in irgendeinen Einzeller-Bespaßungsclub fliegst oder auf einem dieser modernen Kraft-durch-Freude-Dampfern zusammen mit zweitausend weiteren Debilen vollkommen nutzlos über die Meere dümpelst und Schweröl in die Atmosphäre bläst, weil Du rund ums Jahr Rindfleisch aus Argentinien frisst und im Januar Weintrauben aus Südafrika und im Februar Frühkartoffeln aus Ägypten, weil Du Wein aus Chile säufst und Wasser aus

Frankreich, weil Du mit einem gleichermaßen sinnlos übermotorisierten wie vollklimatisierten Geländewagen ins Drive In von McDonald's bretterst und dann in so 'n beknacktes Factory Outlet, wo Du Dir Deine in Vietnam genähten Edelklamotten kaufst, für die Du daheim einen Trockner stehen hast, ebenso wie eine Spülmaschine für Deine sieben Teller, von denen Du tiefgekühlten Fertigfraß frisst, weil Du in Deiner Designerküche nicht kochen kannst« haben sie nicht mehr gehört. Können sie auch gar nicht, denn ich habe es ja gar nicht gesagt, weil ich schon ahnte, dass sie darauf auch nur »Ja, ja, die Leute« geantwortet und noch blöder gelacht und mich damit noch mehr zur Weißglut gebracht hätten.

Es sind die gleichen Menschen, die am kommenden Donnerstag das Gleiche zu mir sagen werden, das sie auch am vergangenen Samstag zu mir sagten, nämlich ein albernes, mit einem fraternalistisch-diebischen Grinsen verbundenes »Daumen drücken heut' Abend«. Die stillschweigend von einem »Wir« ausgehen, nur weil die deutsche Mannschaft Fußball spielt und ich ebenfalls in diesem Deutschland geboren wurde. Ich könnte dann ja wenigstens so was wie »Ich kenne viele nette Franzosen« sagen oder die Marseillaise anstimmen oder wenigstens von der Bouillabaisse schwärmen. Stattdessen werde ich auch am Donnerstag wieder falsch lächeln, leicht mit dem Kopf nicken und nach Hause gehen und mich dann auch für einen elenden Opportunisten halten. Nicht weit entfernt von jenen Menschen, die seit Jahrzehnten um die halbe Welt ..., ach Sie wissen schon.

Juli 2016

Kommando W. Siebeck

Eigentlich ist eine Kolumne kein Ort für einen Nachruf, nicht nur deshalb wird das hier auch keiner. Denn der, dem es nachzurufen gelten könnte, ist nicht tot. Genauso wenig wie er ein Gastrokritiker war, als der er immer bezeichnet wurde. Wolfram Siebeck war natürlich Feinschmecker. Doch sein Anliegen war ein höheres, als nur gutes Essen zu loben und schlechtes anzuprangern. Nach dem Motto »Der Mensch ist, was er isst« wollte er die Gesellschaft verändern – auch wenn er das nie zugegeben hätte.

Und er hat einiges verändert, jede Menge sogar. Er hat die Deutschen aus dem Tiefschlaf im Geblubber der Mehlsoßen geholt. Doch sein Werk ist längst nicht vollendet, es gibt noch viel zu tun. Ich versuche mal, im Sinne des Meisters einige Beispiele aufzuzählen. Nehmen wir nur den Flammkuchen. Ein wundervolles Gericht aus dem elsässischen Holzofen. Aber was kriegt man unter diesem Namen in jeder dritten deutschen Kneipe? Furztrockene Industrieteigfladen, belegt mit allerlei Unrat bis hin zu Ananas und Nutella. Dann diese unseligen Food-Trucks. Auf hip getrimmtes Schnellfressen, zubereitet von Obercoolen, die das Kochen nur aus der App kennen. Paradebeispiel: Pulled Pork, eine us-amerikanische Bestattungsmethode. Schweinefleisch, so lange gegart, als gelte es, einen Amboss al dente zu kriegen, in ein für den menschlichen Verzehr kaum geeignetes Brötchen gequetscht – und dann für teures Geld verkloppt. Das Problem: Es finden sich Käufer. Dann diese Steaks aus Argentinien. Warum gelten diese auf Kühlschiffen um die halbe Welt gefahrenen Fleischmassen immer noch als Delikatesse? Als hätten wir hier keine Rindviecher!

Dann diese Autobahnraststätten. Entweder Ketchupkaschemmen oder Einheitslokale im Ikea-Stil, die bundesweit den gleichen Müll gleich teuer anbieten. Dann diese unzähligen Kochsendungen. Entweder gucken dort Menschen, die nicht kochen können, Menschen zu, die nicht kochen können oder sogenannte Gastro-Experten lassen sich dazu herab, mit einem Vielfraß namens Calmund ernsthaft über Essen zu diskutieren. Dann dieser Vegan-Wahn. Es gibt so viele wunderbare Gemüsesorten, was braucht man dann Fleischnachbauten aus Soja? Dann die Kantinen. Noch immer ist dort die Currywurst das mit Abstand beliebteste Gericht. Dann die Käsetheken. Ein kleiner Sprung hinüber nach Frankreich zeigt, was in solchen Vitrinen machbar wäre. Dann die Bäckereien. Backmischungen über Backmischungen. Dann die Metzgereien. In fast jeder Fleischerfiliale steht mittlerweile ein »Dry-Aged-Kühlschrank«. Angeberei für Angeber. Dann, dann, dann ... Es gäbe noch so vieles.

Wolfram Siebeck war kein Gastrokritiker. Er war Visionär, Kämpfer für die Sache, Seelentröster, Sinnstifter und Hoffnungsträger. Und er ist nicht tot, er wird ewig leben. In unseren Herzen, in unseren Köpfen und hoffentlich auch in unseren Taten. Denn, Genossen Genießer, der Kampf geht weiter! Lasst ihn uns führen, gegen all die Fertigschmeck-Fuzzys, Convenience-Verbrecher, Fast-Food-Banditen und Nahrungsbetrüger. Und es ist kein Kulturkampf, es ist auch ein politischer. Companeros, lasst uns uns zusammenschließen, gemeinsam sind wir stark. Wir sind das Kommando W. Siebeck!

Juli 2016

Sprechen Sie Deutsch?

Eigentlich war es ja immer ganz lustig. Man hätte darauf wetten können: Mochte die Autoschlange am Grenzübergang auch noch so lang sein, unsereins wurde immer zur Seite gewunken. Klar, altes verbeultes Auto mit jungen Menschen in zerknautschten Kleidern drin und womöglich mit langen Haaren – das passte ins Beuteschema von Zoll und Polizei. Die Terroristen in den Siebzigern cruisten unbehelligt mit Kostüm, Krawatte und Kalaschnikow in dicken Neuwagen durch jede Rasterfahndung, unsereins aber sah so aus, wie sich die Kontrolleure einen Bösen vorstellten und wurde drangsaliert. Das war oft lästig, führte aber gelegentlich auch zu lustigen Situationen.

Etwa, als Freund Muck und ich auf dem Parkplatz des Grenzübergangs Schweigen-Rechtenbach zwei Tage und Nächte campierten, bis wir endlich die acht Flaschen Rotwein getrunken hatten, die wir nicht einführen durften, ohne dafür Zoll zu zahlen. Dass wir dazu jede Menge lustige Zigaretten rauchten, schien die Zöllner mangels Kunde der Materie nicht zu interessieren. Oder jener Zöllner am Übergang Weil/Basel, der mich nicht lustig fand, als ich eher beiläufig »im nächsten Leben möchte ich Kamel sein oder Schweizer Zöllner« sagte. Peng. Beamtenbeleidigung, viele Franken Strafe. So ging das lange Zeit, bis Anfang der Neunziger. Da nämlich konnte ich es mir leisten, einen Neuwagen zu leasen. Anstandslos wurde ich fortan mit meinem weißen Spießer-Passat durchgewunken, egal, wie viele Stangen Zigaretten und Kisten im Kofferraum lagen. Okay, die Haare waren auch nicht mehr so zottelig und die Klamotten etwas neuer. Aber war ich dadurch ein anderer Mensch geworden? Für unsereins waren das nette Erfahrungen, die noch heute zur Anekdote taugen. Für viele Menschen in unserem Land hingegen ist dies bitterer Alltag. Für sie ist es nämlich nicht damit getan, zum Friseur zu gehen oder ein neues Auto zu leasen. Sie müssten zum Negerweißer, um etwas zu gelten, aber den gab es nur als Attraktion früherer Jahrmärkte. Im richtigen Leben sind und bleiben sie dunkel oder schwarz und damit anders als all die andern.

Egal, was wahr ist an den Behauptungen der Beteiligten an dem Frankfurter Geschehnis, wo ein dunkelhäutiger U-Bahn-Fahrgast verprügelt wurde, egal, ob es in dieser Sache zum Prozess kommt, und egal, wie der ausgeht (die Erfahrung zeigt, dass in solchen Fällen Polizisten fast immer recht bekommen) – Tatsache ist, dass Schwarze oder südländisch anmutende Menschen hierzulande öfter kontrolliert werden als weiße. Das kann jeder bestätigen, der zur erwähnten Personengruppe gehört. Im Osten der Republik leider viel häufiger, aber auch im ach so schönen Multi-Kulti-Frankfurt.

Allein schon die Frage »Sprechen Sie Deutsch« ist rassistisch. Nur wenige haben die Chuzpe wie mein Freund David, ein dunkelhäutiger, deutscher Architekt, mit der Gegenfrage zu antworten: »Ja, und Sie?« Hätte auch schiefgehen können. Also ich bin jedenfalls noch nie von einem Polizisten gefragt worden, ob ich Deutsch spreche. Ich musste auch noch nie auf der Straße ohne Grund meinen Ausweis zeigen. Zufall? Nein. Systematik. Da hilft es nicht, lauthals zu beteuern, in unserer Polizei sei kein Platz für Rassismus, werte Politiker. Da muss mehr getan werden.

November 2012

Wildsau in Lothringen

Eigentlich wollten wir nur einen kleinen Ausflug machen. Einige Jahre ist dies her, eine Dame und ich fuhren in die Pfalz, ich wollte ihr den Wald zeigen, aus dem ich komme. So gerieten wir zu einem Flecken namens Wengelsbach, fast auf der deutsch-französischen Grenze. Dort erlebten wir etwas, was noch zwanzig Jahre zuvor unvorstellbar gewesen wäre: Ein deutsch-französisches Volksfest! Die Feuerwehr von hüben musizierte zusammen mit den sapeurs-pompiers von drüben.

Die Franzosen grillten Merguez, die Deutschen Bratwürste. Ein dicker Lothringer röstete Sanglier am Spieß. Ich kaufte eine Portion von dem Wildschwein, Kostenpunkt drei Euro. Vorzüglich war's, wir aßen zügig alles auf. Die Dame ging, eine weitere zu holen. Sie kam mit dem vollen Teller zurück, war jedoch verdutzt, da sie plötzlich sechs Euro berappen musste. Ich stellte den Mann im heimatlichen Dialekt zur Rede, er antwortete: »Ei, ich hab gemeint, die wär net von hier«, gab mir denn aber sofort drei Euro retour. Ich war gerührt, denn es war nicht bös gemeint. Sie feierten eine Art Nachbarschaftsfest. Für Eingeborene zu Selbstkostenpreisen, Besucher zahlten halt etwas. Aber auch sechs Euro für die köstliche Wildsau waren immer noch ein Witz. Vor siebzig Jahren noch schossen dort die Menschen aufeinander, heute saufen sie gemeinsam, fressen und tanzen und schaffen sich eine eigene liberté, égalité und fraternité gegenüber den Deutschen und den Franzosen, die »net von hier« sind.

Erst ein Europa ohne Grenzen macht dies möglich. Das Gebilde »Staat« dehnt sich aus, gleichsam aber entsteht ein lokalpatriotisches Cocooning. Man besinnt sich gemeinsamer kultureller Wurzeln, rückt zusammen, pflegt Traditionen und erfreut sich eines Wir-Gefühls auf kleinem Raum. Das ist nicht schlimm, solange es nicht in Fremdenhass ausartet. Der Pfälzer hat mit dem Lothringer, Elsässer und Saarländer nun mal mehr gemein als mit dem Holsteiner, dem Sachsen oder dem Westfalen. Und ebenso wenig, und nun kommt wieder Europa ins Spiel, mit dem Kreter, dem Flamen, dem Samen, dem Sizilianer, dem Kärntner, dem Siebenbürger oder dem Katalanen. Gleichzeitig verbindet ihn mit diesen Leuten so viel wie noch nie zuvor in der Geschichte Europas, nämlich eine politische Union, ein Wir-Gefühl auf großem Raum.

Was sich in Katalonien zur Zeit abspielt, ist also kein Zufall. Die Katalanen waren schon immer Eigenbrötler, von Franco unterjocht, und den benachbarten Okzitaniern viel näher als den Kastilianern. Ähnlich ergeht es den Galiciern, die sich den Portugiesen, Bretonen und sogar den Iren verbundener fühlen als den übrigen Spaniern. Der Wunsch der Katalanen nach Autonomie, so schwachsinnig die Bildung eines eigenen Staates auch ist, ist erst der Anfang. Es brodelt in Belgien, die Schotten, die Basken und die Südtiroler mucken auf, die Süditaliener zwisten gegen jene im Norden und umgekehrt. Das Schöne aber: Sie alle sind nicht gegen die EU.

Sie wehren sich gegen politische Grenzen, die in ferner Vergangenheit mal gesetzt wurden, die nach Kriegen entstanden und nun nicht mehr zeitgemäß sind. Das ist nachvollziehbar. Und vielleicht sogar ein Vorbild für die ganze Welt. Irgendwann einmal … werden sie überall Wildschwein grillen.

November 2012

De babbisch Lumbe

Eigentlich war er ja schon ein wenig eklig. Klar, allein schon sein Vorhandensein spricht für eine gewisse Umsicht seines Trägers. Aber wie lange hing er schon dort, ohne jemals das Innere einer Waschmaschine gesehen zu haben? Was war das alles, das da seit langer Zeit an ihm klebte und vermutlich auch lebte? Die Rede ist von einem »Touchon«, im Deutschen einst auch »Vorstecker« genannt. Also jenes, meist blauweiß oder rotweiß kleinkarierte Küchenhandtuch, das sich Köche an die Schürze klemmen, um Soßenflecken wegzuwischen. Dieser Touchon aber, er baumelte bereits gefühlte Jahre an dem kleinen, dicken, Mann, der einst ein winziges Wirtshaus im Pfälzer Wald betrieb. Dieser Touchon verschaffte dem Wirt denn auch seinen Spitznamen »De babbisch Lumbe«, zu hochdeutsch »Der schmutzige Lappen«. Schon bald ging man nur noch »zum babbisch Lumbe«, wenn man mal fein essen wollte. Delikateste Schnecken bereitete der kleine Dicke zu, wundervolle Froschschenkel, butterzarte Fohlensteaks und sensationelle, selbstgemachte Pommes frites. Von erster Güte auch seine Kuttelsuppe und das Kalbshirn. Niemand wäre je auf den Gedanken zu kommen, de babbisch Lumbe wegen des babbischen Lumbens zu meiden. Ganz im Gegenteil. Er wurde zu seinem Markenzeichen.

Ginge es nach den hessischen Grünen, würde dieser Küchengott gebrandmarkt werden. Die wollen nun nämlich landesweit die sogenannte »Hygieneampel« einführen. Also einen Aufkleber an der Pforte eines Lokals, der dem Gast signalisiert, wie der Wirt bei den letzten drei Sauberkeitsprüfungen abgeschnitten hat. Die Idee stammt übrigens aus Dänemark, dem Mutterland der großen Küche. Man denke nur an die rotgefärbten Chemiewürstchen namens rød pølse.

Ich sehe sie schon vor mir, die angeblichen Gast-Stätten, alle mit grüner Ampel. Ohne Beanstandungen. Höchst empfehlenswert. Alle haben sie die gleichen Einrichtungen, Speisekarten, Servicekräfte. Entworfen von sogenannten »Gastrodesignern«, die Blattsalate mit Putenbruststreifen für ein Nahrungsmittel halten und nicht für ein Instrument der Körperverletzung. Die irgendwelche, einst tiefgefrorenen Teigfladen »Original Flammkuchen« nennen und da auch noch Ananas draufwerfen und Crema di Balsamico hinterherspritzen. Denen ein WLAN im Haus wichtiger ist als ein selbstgezogener Jus. Die darauf achten, dass die blonde Piepsmaus hinterm Tresen einen Wonderbra trägt und die Krallen fein eckig gefeilt hat, denen es aber egal ist, dass das dusselige Ding einen Kerner für einen Talkshowmoderator hält. Die ihre Kalbsschnitzel in die Fritteuse werfen und ihre pakistanischen Küchenhilfen mit drei Euro Stundenlohn abspeisen und gleichzeitig einen pakistanischen Jahreslohn in einer Nacht durchkoksen.

Diese Menschen kriegen die grüne Ampel. Da bin ich mir sicher. Andere aber, die mit Liebe kochen, aber ein Löchlein im Fliegengitter haben, werden angeprangert. Die beste Fischsuppe meines Lebens, die aß ich vor rund dreißig Jahren im Alten Hafen von Marseille. Ein winziges Lokälchen, ich saß ganz hinten in der Ecke. Direkt neben mir eine klapperige Schwingtür, dahinter ein Loch im Boden. Die Toilette. Es stank fürchterlich, doch die Suppe war eine Offenbarung. Da scheiß ich doch auf eine Hygieneampel!

Dezember 2012

USA – Was soll denn daran »great« sein?

Eigentlich ist es ja ein ganz normales Land, dieses Bundesstaatengebilde, welches sich seit mehr als zweihundert Jahren »USA« nennt. Okay, wer mal hinfährt, wird schnell die eine oder andere Anormalität entdecken. So etwa, dass dort Menschen während eines Einkaufs im Supermarkt stundenlang den Motor ihres Autos laufen lassen, damit es beim Einsteigen im Wagen nicht zu kalt oder zu heiß ist. Oder dass Leute dort Austern in der Mikrowelle erhitzen und sie dann mit Ketchup essen. Doch jedes Land hat seine Eigenarten. Erkläre zum Beispiel mal einer, warum sie auf Sardinien Käse mit lebenden Maden verzehren oder in Schweden verfaulten Fisch.

Etwas jedoch ist ganz besonders anders in den USA: Woher nur nehmen die beiden Jungs, die da grad wie wild Wahlkampf machen, die Chuzpe, die USA immerfort als »das großartigste Land der Erde« zu bezeichnen? Was, bitteschön, ist dort denn großartiger als anderswo? Größer vielleicht. Zum Beispiel Einkaufswagen, Pizzas und menschliche Hinterteile. Aber großartiger? Okay. Grand Canyon und Niagara-Fälle. Aber dafür können die Amerikaner ja nichts. Beziehungsweise sie waren damals, als sie das Land domestizierten, technisch noch nicht so weit, diese Fauxpas der Schöpfung zu egalisieren. Dreißig Millionen Bisons abknallen aber war möglich – um nur ein Beispiel von vielen zu nennen.

Und sonst? Was könnte noch großartig sein? Ist es »great«, Menschen auf elektrischen Stühlen oder mit Giftspritzen zu ermorden? Menschen ohne Gerichtsverhandlung in ein Lager auf Kuba zu pferchen? Eine unbekannte, aber große Anzahl von Menschen gar nicht erst zur Wahl zuzulassen? Weitere

Stichworte: Homo-Ehe, Krankenversicherung, Schwanger-schaftsabbruch, Wahlbeteiligung, Bildung, Rechtssystem, Waffenwahn, Armutswachstum, Geschmacksempfinden – alles nicht »westlicher Standard«. Okay. Großartig war, dass sie 1945 uns von uns befreit und so lange auf uns aufgepasst haben, bis wir einigermaßen selbständig in eine Demokratie tapsen konnten. Hätten uns ja auch in Schutt und Asche bomben können, was wir sogar verdient gehabt hätten. Also: Well done, guys, thanks a lot! Aber dann? Schon gut zwei Jahrzehnte später öffnete in Deutschland das erste McDonald's – um abermals nur ein Beispiel von vielen zu nennen.

Und dann dieses ständige Gebetsgehampel! Wer ist denn hier der Gottesstaat? Sollte es einen Gott geben, wäre der dann nicht für alle da? Trüge vielleicht verschiedene Namen? Woher aber diese selbstgefällige Behauptung, »God's own country« zu sein? Also dem guten Mann mit dem weißen Bart auch noch das Wort im Mund rumzudrehen und gebieten »Du sollst keine anderen Länder neben uns haben«? Ihm auch noch Vorschriften machen wollen? Merkt Euch mal eines, liebe Amis: Das durfte nur einer. Robert Gernhardt. Und der schrieb: »Lieber Gott, gib doch zu, dass ich klüger bin als du. Und nun preise meinen Namen, denn sonst setzt es etwas. Amen!« Die USA sind ein großartiges Land, zweifelsohne. Aber es gibt noch viele, viele weitere auf dieser, unserer Welt, nämlich knapp zweihundert. Und alle haben mit Sicherheit etwas Großartiges. Man muss es nur sehen wollen. Gerade in heutigen Zeiten. Also Ruhe jetzt, da drüben über'm großartigen Teich. Sonst setzt es etwas.

Oktober 2012

Der Deutsche

Eigentlich müsste sich die Sache ja mit der Zeit von selbst erledigen, so ist jedenfalls zu hoffen. Und ich bin nun einfach mal optimistisch. Auch wenn noch vieles im Argen liegt, wenn noch längst nicht alle gleich behandelt werden, wenn Rassismus immer wieder aufflammt und wenn Immigration immer noch erschwert wird – Deutschland ist auf einem guten Weg. Was in unserer Gesellschaft einst spöttlerisch als »multikulti« bezeichnet wurde, wird mehr und mehr zur Selbstverständlichkeit. Es wird zwar noch viele Monde dauern, doch irgendwann wird Edmund Stoibers Albtraum von der »durchrassten Gesellschaft« wahr werden. Und auch dieser Sarrazin wird recht behalten, denn dann wird sich Deutschland abgeschafft haben. Und ich werde zum ersten Mal in meinem Leben voller Wonne sagen können: »Ich bin stolz, ein Deutscher zu sein.«

Von allen Seiten prasselt die Internationalität auf uns ein und macht uns zu offeneren und toleranteren Menschen. Man bedenke: Vor nicht mal hundert Jahren überkam meine Oma das Fürchten, als sie als kleines Mädchen beim Einmarsch der Franzosen einen Schwarzen sah. Heute fliegen die Omas nach Kenia, um mit Schwarzen ein Späßchen zu haben. Bis 1994 gab es noch den Anti-Homo-Paragraphen 175 im Strafgesetzbuch. Und heute haben wir einen bekennenden schwulen Außenminister. Weitere Beispiele reichen von der Kanzlerin über einen vietnamesischstämmigen Vizekanzler bis zu einer Nationalelf, deren Leistungsträger Migrantenkinder sind. Junge Menschen fahren nach dem Abi erst mal weit weg, Alte setzen sich in Thailand zur Ruhe. Und die Engländer sollten uns richtigerweise nicht mehr »Krauts«

nennen, sondern bestenfalls »Döners«. Das Kraut kommt in der Regel nur noch als Coleslaw zum Burger und nicht mehr sauer zum Eisbein. Es hat sich also viel getan im Staate Deutschland. Aber was ist noch typisch deutsch?

Die Tugend »Deutsche Wertarbeit« hat sich erledigt. Will man die berühmte Pünktlichkeit anführen, so werfe man nur einen Blick auf die Bahnfahrpläne. Dort stehen zwar all die krummen Abfahrtszahlen geschrieben, in Wahrheit kommt die Bahn dann, wenn sie kommt. Egal ob ICE oder Straßenbahn. Und wenn sie kommt, dann steigt man ein und fährt. Punkt. Aber das ist doch nicht deutsch! Und wem der Fleiß als Kriterium einfällt, der denke an die Spaßgesellschaft, die Freizeitindustrie und die Brückentage.

Was bleibt? Eines gewiss: Noch immer hat der Deutsche den Hang, sich mobilisieren zu lassen. Wenn irgendwer zu irgendwas aufruft, ist er schnell dabei. Ob zum Sturm Mallorcas oder der Dom Rep geblasen wird, zu Silvester am Brandenburger Tor, zu Sprizz oder Hugo, zu Dschungelcamp, DSDS, Latte macchiato oder einem neuen Modetanz: Wenn viele etwas machen, will der Deutsche das auch tun. Und sei es noch so schwachsinnig. Das erklärt ein Phänomen, das letzte Woche der SPD schier zum Verhängnis wurde. Auch wenn das Auto als Statussymbol ausgedient hat, auch wenn immer mehr Menschen gar keins mehr haben: Ein Tempolimit auf Autobahnen, das wollen alle nicht. Ein No Go, wie der Neue Deutsche das ausdrücken würde.

Fazit: So schnell fahren dürfen, wie man will, auch wenn man gar nicht mehr recht fahren kann. Das ist das letzte, wirklich durch und durch deutsche Geheimnis.

Mai 2013

Santo Subito, Opa Karl

Eigentlich hatte ich mir ja vorgenommen, das Thema ein Weilchen zu meiden. Ändern kannste eh nichts, dachte ich mir, und was bringt es, immerzu die armen Leutchen zu provozieren. Und dann das ganze Wehgeklage ... Ich solle nicht auf ihren Gefühlen herumtrampeln, sie nicht verletzen, demütigen, demontieren und so weiter. Das ging auch eine ganze Zeit gut. Ich verkniff mir jegliches, was in diese Richtung hätte zielen können. Schweren Herzens, das muss ich gestehen. Aber immerhin. Doch nun ist das Maß mal wieder voll. Ich kann nicht länger an mich halten. Vor ein paar Tagen nämlich schlage ich die Zeitung auf, und was sehe ich? Papst Johannes Paul II. wird heilig gesprochen! Er habe ein Wunder vollbracht. So was steht nicht in der *Titanic*, sondern auf den Politikseiten aller seriöser überregionaler Zeitungen. Er habe eine parkinsonkranke Französin geheilt (womit er sich schon seine Seligsprechung eingeheimst hatte), später dann eine Frau aus Costa Rica mit Schädel-Hirn-Trauma. Deswegen wird er jetzt zum Heiligen ernannt.

Wenn ich so etwas lese, liebe Katholiken, sind jetzt mal *meine* Gefühle verletzt. Und zwar massiv. Ich bin fassungslos und entsetzt, dass sich Abermillionen von Menschen heutzutage noch von solch einem Mumpitz ins Bockshorn jagen lassen. Und Ihr verlangt allen Ernstes, dass ich so was ernst nehme? Okay. Ich kann es versuchen. Aber dann müsst Ihr akzeptieren, dass ich auch meinen Opa Karl ins Spiel bringe. Der nämlich war in der Lage, Formidables zu tun: Opa Karl konnte machen, dass Luft stinkt! Und zwar nicht nur ein bisschen, sondern raumfüllend. Das sollte erst mal eine Seligsprechung rechtfertigen. Die zum Heiligenstatus nötige zweite Tat verrichtete Opa Karl gleich mit. Denn während er das erste Wunder vollbrachte, furzte er auch den Radetzkymarsch. Und? Nun? Ist das genug? Wohl schon. Ergo: Santo Subito, Opa Karl!

Und ich kann noch weiteres Heiligenmaterial aufbieten. Da ja alles ein wenig her sein muss, gehe ich mal in mein früheres näheres Umfeld. So käme meine Mutter infrage wegen ihrer Markklößchensuppe. Dann meine Oma Frida wegen ihrer Dampfnudeln, Oma Elsa wegen ihres Frankfurter Kranzes, der Metzger Heist in der Pirmasenser Schlossstraße wegen seiner geräucherten Blutwurst, der Bäcker Würtz in der Kronenstraße wegen seiner Brezeln und Heinz Satter, der ehemalige Wirt der Pilsstube im Sandweg, wegen seines sensationellen Sieben-Minuten-Pilses in der Tulpe und wegen seines Tutto-Wecks. Das war ein Laugenbrötchen, belegt in der Art einer in den siebziger Jahren beliebten Pizza tutto mit Schinken, Salami und Pilzen und überbacken mit Käse. Ach ja, und dann noch Irene wegen ihrer famosen Brüste.

So. Und nun bitte ich vorsorglich schon mal all jene um Entschuldigung, deren Gefühle ich wieder verletzt haben sollte. Klar, meine Beispiele sind natürlich albern. Reiner Schwachsinn. Weiß ich. Aber vielleicht hilft es zu verdeutlichen, wie so etwas wie eine Heiligsprechung bei den aufgeklärten Menschen heutzutage ankommt. Und warum immer mehr Leute aus der Kirche austreten. Die Kirchen können das nicht verstehen – und das wiederum kann ich nicht verstehen. Aber wer bin ich schon? Na ja. Vielleicht doch so was wie Advocatus Diaboli.

Juli 2013

Religion – Schorle für's Volk

Eigentlich ist es ja nicht üblich, in Kolumnen Leserbriefe zu beantworten. Sie geben oftmals nur Einzelmeinungen wieder, die allgemeine Leserschaft interessiert das meistens kaum. Anders ist dies immer wieder beim Thema »Religion«. Und schon sind wir mitten drin in der Replik auf viele Kommentare zu meinem Text über die Heiligsprechung des Papstes. Die meisten lobten zwar, die Meckerer aber führten nahezu einhellig an, dass ich nur das Christentum kritisiere und aus Gründen der Toleranz oder gar aus Angst andere Religionen schone.

Sie haben recht. Ich finde die Idee mit den 70 Jungfrauen im Paradies fantastisch. Ebenfalls ist es prima, dass sich Menschen im Ganges reinwaschen, obwohl zwanzig Meter flussaufwärts einer mitten im Strom an seinem LKW einen Ölwechsel vornimmt und weitere fünfzig Meter weiter gerade die halbverbrannten Reste eines verblichenen Opas in den Fluss geworfen wurden. Großartig auch der Brauch, einem Wasserbüffel den Hals durchzusäbeln, um ihn dann zu opfern. Ich bin großer Anhänger der Idee, vor Sonnenuntergang nichts zu essen und nichts zu trinken. Alkohol lehne ich sowieso ab, besonders Weinschorle in Halblitergläsern. Schon lange meide ich Fleischiges zusammen mit Milchigem, zum Beispiel Zürcher Geschnetzeltes. Ebenso Blutwurst, erst recht gebraten mit Zwiebeln, Äpfeln und Kartoffelpüree. Sie sehen, ich bin nur Christenkram gegenüber skeptisch, also öffentlichen Teufelsaustreibungen in Polen, dem freitäglichen Fischefuttern und dem Sexverbot für junge Männer im klerikalen Rock. Halten Sie mich für so bescheuert? Okay, die Sache mit den Jungfrauen scheint mir spaßorientierter zu sein als die schmallippigen Versprechen der Christen und besonders der Protestanten. Aber was soll ich denn mit 70 Jungfrauen anfangen? Am i-Phone daddeln? Oder Fangen spielen? Ich bin doch kein Kindergärtner! Was Wutziges kann man mit den unschuldigen Hühnern ja eh nicht anfangen. Geht ja im Islam sowieso nicht, das Wutzige.

Im Ernst: Religion hat logischerweise immer etwas mit Glaube zu tun, und der wiederum mit Irrationalität. Sonst hieße er ja auch Wissen und nicht Glaube. Und Irrationalität, also das Abhandensein von Vernunft, bewegt sich naturgemäß leicht an den Grenzen des Unsinns, des Humbugs, des Mumpitzes – und schwappt nicht selten über diese hinweg. Das wäre alles nicht weiter schlimm. Ist es aber, weil (gleichwelcher) Glaube seit Jahrtausenden Verfolgung, Morden, Brandschatzen und Kriegstreiberei hervorbringt. Weil er mehr schadet als nützt. Ja, da ist der Anschlag vom 11. September. Oder die Missdeutung des Dschihad. Man denke aber auch an die Segnungen von Kanonen. Oder schaue sich an, wie viele Menschenleben der Obergutmensch in Rom täglich auf dem Gewissen hat, alleine schon durch das Verbot von Verhütungsmitteln.

Man hört ihn zwar mittlerweile an jeder Trinkhalle, doch der Marx'sche Satz, Religion sei Opium für das Volk, wird dadurch nicht weniger richtig. Menschen unter Drogeneinfluss sind immer zu fürchten. Weil sie in ihrem Wahn schnell zur Intoleranz neigen – zumal sie ihnen sogar befohlen wird. Denn wie heißt es doch im zweiten Gebot? Du sollst keine anderen Götter neben mir haben.

Juli 2013

Die Dame im Zug und die Sau in der Pfalz

Eigentlich säftele ich selten in meinen Texten, eigentlich sogar nie. Warum sollte ich das auch tun? Virtuosen dieses Genres waren Leute wie Henry Miller, Anaïs Nin oder Charles Bukowski, an die werde ich nie rankommen. Das Geschreibsel von einer Charlotte Roche hat weder mit Erotik etwas zu tun noch mit Literatur, und schon gar nicht mit erotischer Literatur. Gibt es sonst noch was? Jede Menge. Suchen Sie mal im Netz und sehen Sie, was Ihnen da unter diesem Überbegriff alles angeboten wird. Wenn Sie da auch nur kurz reinlesen, werden Sie nie wieder etwas schreiben, weder über Erotik noch über ein anderes Thema. Ihnen bleibt dann nur der Ausdruckstanz.

Und nun? Wird das jetzt Kommende erotisch? Säftelt es? Ich finde nein. Habe ich doch diese Begebenheit schon vielen Frauen und Männern erzählt. Danach brachen sie alle in schallendes Gelächter aus. Doch niemand von ihnen wand sich unter wollüstigem Stöhnen auf dem Wirtshausstuhl. Das ist doch schon mal eine Tendenz. Los geht's.

Vor gut zwei Jahren saß ich in der Ersten Klasse des TGV Richtung Paris. »Aha«, werden Sie nun denken, »der feine Herr reist nobel«. Das geht Sie aber erstens nichts an und ist zweitens wichtig für die Geschichte. Doch wenn es meiner generellen Authentizität dienen sollte, nehme ich das nächste Mal gerne eine Draisine. Also: Ich saß da, guckte aus dem Fenster und freute mich. Ich wollte nämlich in die Hinterpfalz, ein alter Freund schlachtete eine Sau. Also nicht nach Paris zu Austern und Champagner, sondern nach Thaleischweiler-Fröschen zu Schwartenmagen und Fassbier. Aber mit dem TGV, so viel Stil muss sein. Auf der Höhe von

Alsenborn ging ich zur Toilette und wollte die Tür öffnen. Doch die wurde bereits von innen aufgestoßen. Heraus kam sie! Vielleicht Ende dreißig, lange, glänzende, brünette Haare, weiße Bluse, ein umwerfend schönes Designerkostüm mit Rock bis kurz übers Knie – und wundervolle Pumps von Christian Louboutin. Das erspähte ich, als sie einmal spielerisch wie bei einem Charleston-Tanz das linke Bein hob. Größe 37 hatte sie übrigens.

Sie war gekonnt geschminkt, mit dieser Spur von gewollter Nachlässigkeit, wie sie nur Pariserinnen beherrschen. Bei allen anderen Damen dieser Welt sieht das verschmiert aus. Sie war eine jener Frauen, die Woody Allen einmal vergötternd als »croissantfressende Schlampen« bezeichnete. Die Schöne blickte mich kokett an, lächelte und hielt mir zögerlich die Innenflächen ihrer Hände hin. Ich stutzte, blickte hin und sah darauf eine zähe, weiße Flüssigkeit, die mich an irgendetwas erinnerte. Weltmännisch, wie man auf der Reise zu einem Pfälzer Schlachtfest nun mal ist, fragte ich »N'y a-t-il plus d'eau? Also: »Gibt es kein Wasser mehr?« Sie hauchte »Non« und sagte schließlich etwas, das ich mein Leben lang nicht mehr vergessen werde. Sie tat dies auf Deutsch, denn sie hatte wohl an meinem charmant-harten Französisch bemerkt, wo ich herkomme.

Sie holte kurz Luft, blickte mir tief in die Augen und gluckste gespielt verlegen mit süßem Akzent: »Normalerweise lecke isch das ab … aber Seife?«. Dann lachte sie etwas kehlig, warf kurz den Kopf zurück, hauchte mir ein Küsschen zu – und verschwand Richtung Paris. Ich fuhr zum Schlachtfest.

Januar 2017

Vom Verlernen des Alleinseins

Eigentlich ist der Mensch ja ein Herdentier, so besagen es die Gesetze der Evolution. Dummerweise erinnert er sich häufig daran, müht sich, dies ständig wiederkehrend unter Beweis zu stellen und neigt dabei wahlweise zum Unfug oder zur Gräueltat. Man denke nur an marschierende Neonazis, grölende Fußballfans, Kappensitzungen, speiende Soldaten in Zügen, Popcornfressgruppen in Lichtspieltheatern, Lightproduktefressgruppen bei den Weight Watchers, Dokurunden, Familienaufstellungen, Kegelvereinsausflüge, die Züricher Hodenbadegruppe, Lachclubs, Jungesellenabschiede oder (schlimmer noch) Jungesellinnenabschiede.

Sogar Menschenansammlungen, die eigentlich für das Gute demonstrieren, also beispielsweise gegen Boris Rhein oder die Atomkraft, verlieren schnell die Contenance und dann sich selbst entweder im Absingen infantiler Lieder (»Was sollen wir trinken, sieben Tage lang«) oder dem Einwerfen von Schaufensterscheiben unschuldiger Fischhändler. Problematischerweise entwickeln Menschen in Gruppen nämlich so etwas wie eine – nett ausgedrückt – Schwarmintelligenz. Einer hat eine Idee, und alle machen mit. Ungeprüft. Wohin so etwas führen kann, das wissen wir Deutsche am besten.

Der Mensch alleine ist gut, in Gesellschaft eine Katastrophe – doch er kann nicht alleine. Manche pflegen eine Mischform. Man denke nur an Literaten wie Robert Musil, Egon Friedell, Alfred Polgar oder Joseph Roth, die ihre Texte in wuseligen Kaffeehäusern, alleine an einem Tisch sitzend, schrieben. Oder die irischen Einzelsäuferkabinen: Eine Art Wandschrank mitten im Pub. Drinnen sitzt der Einzelsäufer, von den übrigen Gästen sorgsam getrennt durch einen schweren Samtvorhang. Man ist fast versucht, das Gründen von Selbsthilfegruppen zum Erlernen des Alleinseins zu empfehlen, wäre dies kein Paradoxon. Gerade in Zeiten zunehmender Versingelung und erzwungener Individualisierung (Stichwort »Home Office«) gerät die Suche nach Mehrsamkeit immer mehr ins Klägliche und führt sich dadurch erst recht ad absurdum. Entgegen allen Statistiken ist nämlich gerade in Großstädten kaum noch jemand allein. Die Herde ist immer dabei. Doch sie stampft nicht mehr schnaubend und schnaufend um uns herum, sie ist fein klein und sauber und heißt Smartphone. In dieses putzige Kästchen passen nämlich milliardenmal mehr Tierchen als in den ADAC, ach was, sogar mehr als in die größte Gnuherde Afrikas. Und es verschafft uns scheinbar ein gutes Gefühl. Warum sonst trifft man kaum noch jemanden an, der kein Telefon am Ohr hat, keinen Freisprecher um oder keine Kopfhörer auf? Kaum jemand, der nicht während des Stehens, Gehens oder Fahrens twittert, facebookt, gpst, telefoniert oder wenigstens Musik hört? Diese Menschen persönlich anzusprechen ist sinnlos. Sie tapern auch lieber fünfmal mit dem GPS vor der Nase um den Block, statt einen Einheimischen nach dem Weg zu fragen.

Und es ist wie in der Natur. In einer Herde müssen die Alten, Schwachen, Unachtsamen oder Doofen dran glauben. So auch bei uns. Schier täglich wird einer der Ferngesteuerten über den Haufen gefahren. Häufig an Bahnübergängen. Oder noch schlimmer: Der Lokführer, der dieser Tage in Spanien einen Hochgeschwindigkeitszug an die Mauer setzte, was tat er wohl? Richtig. Er telefonierte.

August 2013

Vom täglichen Töten

Eigentlich abgedroschen, dieses Zitat von Bertolt Brecht. Jahrzehntelang wurde es immer wieder in Kommentaren verwendet oder abends im Bierdunst dahergelallt. Dann geriet es in Vergessenheit, warum auch immer. Brecht interpretierte den chinesischen Philosophen Me-Ti wie folgt: »Es gibt viele Arten zu töten. Man kann einem ein Messer in den Bauch stechen, einem das Brot entziehen, einen von einer Krankheit nicht heilen, einen in eine schlechte Wohnung stecken, einen durch Arbeit zu Tode schinden, einen zum Suizid treiben, einen in den Krieg führen usw. Nur weniges davon ist in unserem Staat verboten.« Ja. Abgedroschen. Aber dadurch nicht weniger wahr.

Sieht man davon ab, dass die Messerstecherei bei uns unter Strafe steht und auch das Entsenden von Soldaten in einen Krieg nur auf freiwilliger Basis geschieht, sind alle übrigen Aussagen des Zitats von immerwährender Aktualität. »Durch Arbeit in den Tod schinden« macht man nicht mehr in Bergwerken, sondern in Büros. Getötet wird nicht mittels spitzer Bleistifte, sondern durch weit überzogenen Erwartungsdruck. Die Folge sind psychische Erkrankungen, die durch die beschönigende Beschreibung »Burnout« wenigstens so etwas wie eine Akzeptanz erfahren. Mehr aber auch nicht. »Das Brot entziehen« geschieht dort, wo ein Mindestlohn fehlt und Menschen trotz Arbeit an den Rand der Gesellschaft gedrängt werden. Dies gibt es sogar in strukturierter Form, nämlich in Leiharbeitsfirmen. Im Brecht'schen Sinne könnte man hier also von organisiertem Verbrechen sprechen. Dass all dies auch im Suizid münden kann, versteht sich von selbst.

»Einen von einer Krankheit nicht heilen« kennt man aus Griechenland, wo wichtige Operationen noch heute nicht selten nur nach Gabe eines Handgelds, eines Fakelaki, durchgeführt werden. Bei uns gibt es solch eine Ungeheuerlichkeit natürlich nicht. Kassenpatienten kommen nämlich oftmals gar nicht erst in die Situation, einem Facharzt diskret einen Geldumschlag zustecken zu können. Sie kriegen den Doktor häufig gar nicht zu Gesicht, da sie schon von dessen Helferin telefonisch abgewimmelt werden. Oder aber sie bekommen einen Termin angeboten, der weit jenseits der durchschnittlichen Lebenserwartung liegt. Klartext: Bei uns zahlen die Privatkassen das Fakelaki. Und das ist nicht verboten.

Bleibt »einen in eine schlechte Wohnung stecken«. Auch da gibt es Unterschiede zu Griechenland, Spanien oder Portugal. Dort, wo Mietwohnungen eher unüblich sind, werden die Menschen auf Geheiß der Banken schlicht zwangsgeräumt, da sie mangels Arbeit die Raten für ihre Hypotheken nicht mehr bezahlen können. Hierzulande geschieht auch dies galanter. Eines der Instrumente der Wahl heißt »Mietspiegel«, und es ist ganz leise. Es schleicht über Nacht herbei, und unversehens befindet man sich in einer »Innenstadtlage« und muss zehn Prozent mehr Miete berappen. So wurden in Frankfurt beispielweise das Gallus, Bockenheim oder das Bahnhofsviertel urplötzlich zu Luxuskiezen, die Mieter wechselten schnell wie der Blitz. Ermöglicht durch eine andere Form des organisierten Verbrechens, der Maklerei. Und gegen diese Menschenunwürdigkeiten soll man nichts tun können, werte Stadt? Oder liegt es etwa am mangelnden Wollen?

Oktober 2013

Samstags gehört Papi dem Baumarkt

Eigentlich sind Baumärkte unnötig. Jahrhundertelang beauftragte man einen Handwerker, wenn es in Haus oder Hof etwas zu tun gab. Der kam, brachte Gerät und Material mit und machte sich an die Arbeit. Das Ergebnis war eine fachmännisch verrichtete Reparatur oder Renovierung. Jeder tat das, was er konnte und bezahlte mit dem so erwirtschafteten Geld die Leistung anderer, die das machten, was man selbst nicht hinkriegte. Ein bewährtes und funktionierendes System. Bis in die 1970er Jahre.

Da wurde dann plötzlich die »Do it yourself«-Bewegung modern, und die Baumärkte schossen aus der Grünen Wiese. Nach langem Kampf hatten die Gewerkschaften die Arbeitnehmer zwar vom Joch der Sechs-Tage-Woche befreit, doch die Papis gehörten samstags nun doch nicht der Familie, sondern trafen sich mit ihresgleichen draußen vor der Stadt zwischen Hobelbänken und Hochregalen zum angeregten Fachplausch. Es begann die Stufe zwei des Wiederaufbaus. Das Gröbste hatten die Trümmerfrauen erledigt, nun machten sich die Herren ans Feintuning. Die Folge: Binnen weniger Jahre erstrahlten der Deutschen Heime im seidenmatten Glanz von Nut- und Federbrettern, und sonntags überdeckte der Duft der Holzschutzmittel bräsigsanft den Geruch der blubbernden Bratensoßen. Für Handwerker aber war in dieser Gesamtidylle kaum noch Platz. Sie galten als raffgierig und überteuert; sie ließ man nur noch verrichten, was Papi nicht durfte oder partout nicht hinkriegte.

So machten es die Bürger. Anders jedoch die Öffentliche Hand. Dort lief alles andersrum. Zur gleichen Zeit holten sich Kommunen und Behörden immer mehr private Firmen ins Haus. Mit der Begründung, das sei zu teuer, wurde immer weniger selbst gemacht, vom Reparieren der Stadtbusse über das Weißeln von Klassenzimmern und dem Pflegen von Grünanlagen bis zum Verteilen von Parkknöllchen. Schließlich privatisierte man ganze Abteilungen der Stadtwerke wie die Müllabfuhr, die Straßenreinigung oder die Energieversorgung. Gleiches geschah auf Bundesebene, etwa bei Bahn und Post. Wie von Geisterhand war nun angeblich alles billiger, nur weil es privatisiert wurde. War nun Arbeit urplötzlich weniger wert? Natürlich nicht, aber sie wurde schlicht schlechter bezahlt.

Das ist das ganze Geheimnis des schönen Spuks. Wirklich hinterfragt hat dies aber nie jemand. Auch nicht als entdeckt wurde, dass auf Baustellen öffentlicher Auftraggeber bedeutend mehr Schwarzarbeiter rumwuselten als anderswo. Das waren schließlich die Leute des Sub-Sub-Sub-Subunternehmers, mit denen hatte man nichts zu tun. Auch nicht mit der Tatsache, dass die Arbeiter mit jedem »Sub« weniger Geld kriegten.

So ging das viele Jahrzehnte. Doch nun, was hört man nun? Seit 2005 wurden in Deutschland rund siebzig Stadtwerke neu gegründet, ermittelte im September das »Wuppertal Institut«. Die Bürger Hamburgs stimmten unlängst mit knapper Mehrheit für den Rückkauf ihres Stromnetzes, in Berlin scheiterte vergangenen Sonntag solch ein Begehren. Dennoch: Die Rekommunalisierung ist im Trend, plötzlich bemerkt man, dass man mit der Auslagerung auch mögliche Profite aus der Hand gegeben hat. Reichlich spät, aber immerhin. Doch wo führt das hin? Die ersten Baumärkte sind ja schon pleite gegangen …

November 2013

Blätterteighütchen für alle

Eigentlich fällt mir nur ein Grund ein. Später mehr dazu. Zuvor sei bemerkt, dass mir etwas widerfahren ist, wofür ich nichts kann. Ich kam nämlich in Deutschland zur Welt und gehöre seither zu den ganz wenigen extrem privilegierten Menschen auf dieser Welt. Obwohl ich im Dezember geboren wurde, war mir nicht kalt. Meine Mutter überlebte die Geburt und verfügte über genügend Milch, um mich wonneproppig und widerstandsfähig werden zu lassen. Wir lebten in einem Haus mit Dach und hatten fließendes Wasser, das man sogar trinken konnte. Ich wurde geimpft und regelmäßig von einer qualifizierten Ärztin untersucht.

Unser Familie war fast vollzählig. Eine Uroma, zwei Omas und ein Opa waren noch am Leben. Ihnen ging es gut. Sie bekamen Rente und mussten nicht auf dem Feld arbeiten oder in einer Mine. Mein Vater hatte eine schöne Arbeit. Er wurde nie verfolgt und nie gefoltert. Meine Mutter wurde nie von marodierenden Horden vergewaltigt, und meine Schwester musste sich nie dicken, schwitzenden und nach Bier stinkenden Männern hingeben, um den Rest der Familie durchzubringen. Auch später nicht, als sie schon dreizehn oder vierzehn war.

Auch ich musste nie in einer giftigen Fabrik arbeiten oder am Strand Schiffe abwracken. Ich mochte Mars-Riegel. Mars-Riegel waren damals in schwarzes Papier eingepackt, nicht in Plastik wie heute. Das schwarze Papier hatte den eigenen, typischen Geruch von Mars-Riegel-Papier. Ich mochte ihn sehr. Theoretisch hätte ich so viele Mars-Riegel essen können, wie ich wollte. Wenn mir meine Eltern keinen mehr kauften, waren da noch die Omas oder die Tanten. Ich hatte keine Sorgen, außer, ob ich an Weihnachten die gewünschte Lokomotive bekommen wurde. Eine grüne E-Lok, auch »Krokodil« genannt. Und ob es an Heiligabend Königin-Pastete geben würde. Ich mochte sie wegen der Blätterteig-Hütchen obenauf. Ich bekam immer alle Blätterteig-Hütchen von alle Anwesenden am Tisch. Auch von Oma Elsa.

So verlebte ich eine glückliche Kindheit. Ich wuchs heran, mit achtzehn durfte ich wählen und später einen Beruf erlernen, der meinen Talenten entsprach. Man ließ mich immer meine freie Meinung äußern. Außer ein paar Schlagstockhieben von der Polizei ist mir deswegen nie etwas passiert. Ich lernte gute Weine schätzen und gutes Essen und reiste in viele Länder. Überall war ich willkommen, denn ich hatte einen deutschen Pass. Wenn ich in einem dieser Länder krank geworden wäre, hätte man mich für viel Geld zur Behandlung zurück nach Deutschland geflogen.

So werde ich nun älter und älter. Ich weiß, dass ich trotz schwieriger Rentenlage zeit meines Lebens eine warme Mahlzeit haben werde und ein Dach über dem Kopf. Und eine medizinische Versorgung, die immer noch besser sein wird als die allermeisten auf dieser Welt. Mir geht es gut.

Und so überlege ich mir immer öfter in einer stillen Stunde, mit welchem Recht ich dagegen sein sollte, dass nicht noch viel mehr Menschen in dieses Land reisen können sollten, damit es ihnen wenigstes ein bisschen genauso gutgeht. Zumal wir doch immer beklagen, dass wir immer weniger werden. Also, warum lassen wir die Menschen nicht herein und machen sie auch zu Deutschen? Eigentlich fällt mir nur ein Grund ein. Egoismus.

November 2013

Schwarz-Grün in Hessen –
Ihr Sex wird fürchterlich sein

Eigentlich ist das Verhaltensmuster ja bekannt. Ein Mensch geht eine Beziehung ein. Nicht, weil er Ameisen im Bauch hat, weil ihm das Herz bis zum Hals pocht, weil er mit dem anderen Pferde stehlen und die Seele barfuß über taufrische Wiesen baumeln lassen möchte, um dann in Las Vegas die Sonne zu putzen. Nein. Ein Mensch geht eine Beziehung ein, weil er meint, alleine nicht zu können. So beginnt er ein Miteinander, von dem er häufig schon vorher weiß, dass es vor lauter gegaukelter Innigkeit im Hauen und im Stechen enden wird, im Hass und im Groll. Es sei denn, er verböge sich bis zu Selbstaufgabe, verlöre seine Ziele, seine Ideale, seine Werte und seinen aufrechten Gang. In Hessen stehen zwei vor solch einem Schritt. Tausendmal berührt, tausendmal ist nichts passiert. Und nun wollen sie es »Zoom« machen lassen. Vollkommen emotionslos. Übertragen ausgedrückt, planen sie, eine Verliebung zur Durchführung gelangen zu lassen. Sie wissen genau, ihr Sex wird fürchterlich, ein Begehren nie entstehen, eine Begierde sowieso nicht. Und doch wollen sie es tun. Es ist wie in einem alten Woody-Allen-Film.

Der eine Partner ist kühl und berechnend. Er plant seine Karriere von Kindesbeinen an, kickt geschickt Kontrahenten aus dem Weg, marschiert generalstabsmäßig nach oben, angeblich sogar, so wahr ihm Gott dabei helfe. Alle Mittel sind ihm recht. So fällt er auch schon mal als ausländerfeindlich auf, scheut und reut nicht den Einsatz dubioser Millionen aus mysteriösen Kassen. Der Zweck heiligt ihm alles. Deswegen wird es auch seiner Gefolgschaft recht sein. Hauptsache voran. Nach oben.

Der andere ist ein Gefühlsdusel. Er entstand einmal aus einem Emotionsstau heraus, weil viele wollten, dass es so nicht weitergeht. Er stand einmal für das Gute im Menschen, für den Frieden, für die Gleichberechtigung, für Menschenrechte, den Schutz der Natur, für Wärme, Miteinander und Geborgenheit. Macht war ihm fremd, was nix machte. Er wusste nämlich zartfühlig zu unterscheiden zwischen Macht und Verantwortung. Das war lange gut. Und wäre es eigentlich noch immer.

Diese beiden wollen nun zusammengehen. Warum? Bei Partner eins ist dies klar. Auf dem Weg zur Macht war ihm schon immer jedes Mittel recht. Das liegt in seinen Genen. Doch bei Partner zwei? Er faselt von Zielen. Von vagen Vorhaben, die da in ferner Zukunft womöglich zu erreichen sein könnten. Doch er ist nicht mehr der, den man noch vor wenigen Monaten kannte. Leise ist er geworden, fahl und blass, gedrückt und irgendwie fremdbestimmt. Schon jetzt ein Schatten seiner selbst. Dabei ist der Akt noch gar nicht vollzogen. Wie soll das nur werden? Und: Ist es dies wirklich wert, große Teile der buckligen Verwandtschaft zu verprellen, die diesen Partner doch nie gewollt haben? Die es nie für möglich gehalten hatten, so einen mal in der Familie zu haben? Einen, vor dem sie immer gewarnt hatten? Und die sich deswegen mit Sicherheit enttäuscht abwenden werden? Für lange Zeit, wenn nicht gar für immer?

Vor vielen Jahren fragte ich mal einen Immobilienmakler: »Sagen Sie, als Sie zehn waren und man Sie fragte, was Sie einmal werden wollen, sagten Sie dann Immobilienmakler?« Der Mann schaute mich lange an. Und schwieg.

November 2013

Weihnachten im Deichmann-Dom

Eigentlich will ich ja jedes Jahr so tun, als gäbe es kein Weihnachten – und doch finde ich es immer wieder faszinierend. Es ist wie bei einem schweren Unfall. Man weiß, es ist fürchterlich, und doch guckt man hin. Oder wie bei hässlichen, fetten Menschen, die hässliches, fettes Essen in sich hineinstopfen. Oder bei Volksmusiksendungen, Casting-Shows, Mario Barth und dem Wort zum Sonntag. Das alles hat seine eigene Faszination. So komme ich Jahr für Jahr nicht umhin, mir Gedanken zum Fest zu machen. Dass ich irgendwann daran verzweifeln werde, ist mir ziemlich klar. Aber was soll's.

Dabei bin gar nicht mal dagegen. Weihnachten an sich ist gut. Seine Erfinder dachten gewiss an Liebe, Warmherzigkeit, Miteinander und Gesang. Ganz zu Anfang spielte auch noch eine Figur namens Jesus eine Rolle, die am 24. Dezember geboren worden sein soll. Diese an sich dramaturgisch gute Idee konnte sich aber nicht durchsetzen. Der Plot war zu gläsern, das Ende vorhersehbar, es fehlte ein Spannungsbogen. Es kam noch schlimmer. Das Projekt »Weihnachten« verselbständigte sich im Laufe der Zeit. Veranstalter des Events waren die Kirchen, doch die machten grobe Fehler. So bemächtigte sich bereits 1947 der amerikanische Sänger Bing Crosby der Musikrechte, Teile davon veräußerte er später an John Lennon und Florian Silbereisen. Die Rechte an der Farbe Rot waren längst an Coca-Cola gegangen, so ist heute für die meisten Kinder auf dieser Welt ein roter Lastkraftwagen das Sinnbild für Christi Geburt. Im gleichen Atemzug lösten alte, dicke, unrasierte Männer das Christkind ab, was ich alleine schon aus ästhetischen Gründen anprangere. Man sieht sie dieser Tage, wie sie sich zuerst bei McDonald's den

Magen vollschlagen und später an Fenstersimsen baumeln und ungelenk versuchen, anderer Leute Häuser zu erklimmen. Es ist kein schöner Anblick.

Das alles ist aus Weihnachten geworden. Die Kirchen indes, sie sind leer. Denn auch bei der Vermarktung ihrer selbst gingen sie ungeschickt vor. Andere Häuser sind zur Weihnachtszeit proppenvoll. Warenhäuser, Modehäuser, Badehäuser, Freudenhäuser, ja sogar Krankenhäuser, denn viele Menschen begehen laut Meldung der Krankenkassen die Adventszeit mit einem zünftigen Infarkt. Die Gotteshäuser aber besucht niemand. Doch man sollte das Feld nicht kampflos den Ungläubigen überlassen, sondern schlage sie mit ihren eigenen Waffen. Wie wäre es also zum Beispiel mit einem Zalando-Schnäppchenmarkt statt eines langweiligen Gottesdienstes? Mit einer Erotikmesse? Einem Auftritt von Mario Barth? Einem Formel-1-Rennen im Vatikan? Man könnte auch Kirchen nach Sponsoren benennen, so wie Fußballstadien. Die Amazon-Kathedrale, die Kindle-Kirche, der Deichmann-Dom oder die Karstadt-Kapelle. Hätte man Tebartz-van Elst noch eine Weile gelassen, der hätte das schon hingekriegt.

Ist natürlich Quatsch. Aber man könnte doch einfach mal den lieben Gott einen alten Mann sein lassen und die Kirchen als Ort der Ruhe und Besinnung anbieten. Ohne Missioniererei und Zwangsgebet. Den Menschen Gelegenheit geben, sich mal hinzusetzen, das Maul zu halten und nachzudenken. So etwas bräuchten die Weihnachts-Wahnsinnigen nämlich zur Zeit am meisten. Aber wie bringt man sie dazu?

Dezember 2013

Mama, Papa, Liegerad

Eigentlich fühlte es sich wohlig an, so armselig das auch war. Da war etwas, das irgendwie schon immer da war. Ganz nah, ganz vertraut. Es gab Halt und Zuversicht, es war Traum und Gegenwart. Es war gleichermaßen ein Zuhause wie auch der Wink in die Ferne, in den Süden, in die Sonne, ans Meer. Es verschaffte Sicherheit, Vertrauen, Geborgenheit und Wärme. Es war aber keine Mutter, kein Vater, kein Haustier und kein Gott. Es war das Kraftfahrzeug.

Bei den meisten Kindern war »Auto« nach Mama und Papa das dritte Wort, das sie sagen konnten. Bei Halbwaisen das zweite. Schon im Vorschulalter konnten wir am Geräusch erkennen, ob gleich ein vw, ein Ford oder ein Mercedes um die Ecke biegen würde. Wir protzten beim Autoquartett mit ps und Hubraum (»sticht«), sammelten Matchbox-Autos, spielten mit der Carrera-Bahn und fuhren samstags mit dem Vater in den Wald zum Autowaschen. In den Urlaub starteten wir nachts um drei, viele Stunden saß ich dann hinten im von Mama und Papa sorgsam zugequalmten Käfer und errätselte die Kennzeichen anderer Autos. Mit achtzehn war es dann so weit. Acht, neun Fahrstunden, einige hundert Mark, und der graue Lappen durfte krakelig auf dem Dach des Fahrschulautos (ein Simca 1100) unterschrieben werden. Dreihundert Mark kostete mein erster Wagen, ein vw-Bus mit geteilter Frontscheibe. Mit zwölf Freunden, drei Kästen Bier und einigen lustigen Zigaretten wurde er bunt bemalt, und los ging's in die Freiheit nach Südfrankreich, Marokko, Amsterdam. Das alles klingt wie aus einem Road-Movie der Siebziger mit wenig Handlung und blassen Farben. Doch es war wahr. Das Auto als Inbegriff der Freiheit. Und heute?

Junge Leute fahren Fahrrad oder Bahn. Das Auto gilt als notwendiges Übel, das man benutzt, wenn es gar nicht anders geht. Wie eine Abszesssalbe, eine Zugtoilette oder ein McDonald's-Restaurant. Und mit einem Auto kann man heute ein Mädchen ungefähr so beeindrucken wie mit einem Schmiss aus der Studentenverbindung, einer Flasche Kölnisch Wasser oder einer Partnercard von Wüstenrot.

Die große Zeit des Automobils ist in Deutschland vorbei. Es war eh ein Wunder, dass sich der Nazi-Begriff »Volkswagen« nicht nur so lange ohne Gschmäckle hielt, sondern sogar weltweit in aller Munde als Synonym für deutsche Wertarbeit war. So, als würde man einen Fertighauskonzern »Führerbunker« nennen oder einen Reiseveranstalter »Kraft durch Freude«. Doch auch »Made in Germany« ist kein Gütesiegel mehr. Mit einem Automobil ist längst kein Staat mehr zu machen. Die Einzigen, die das noch versuchen, sind Bestatter und diese Villenweiber mit ihren Gelände-Vehicles. Wen wundert es also, dass auch ein Verein wie der ADAC langsam von innen heraus zerbröckelt. Das Auto braucht keine Lobby mehr, der Bürger keine freie Fahrt, um sich frei zu fühlen. Der ADAC ist Vergangenheit. Ein König ohne Land. So unnötig geworden wie ein »Interessenverband der Kiemenatmer«, die »Freunde des Aufrechtgehens e. V.« oder der Verein »Rettet die Faustkeilindustrie«, an den die Zeichnerkollegen Greser & Lenz gerne erinnern.

Die Frage aber ist: Was sagen künftig Kinder als drittes Wort? Es muss nicht zwingend alles gut werden. Eine meiner düsteren Visionen ist »Mama, Papa, Liegerad«.

Februar 2014

Halbverdauter Döner macht nicht schöner

Eigentlich wollte ich heute ja über Karneval schreiben – doch ich habe Angst. Und dies aus gutem Grund. Vor gut einem Vierteljahrhundert nämlich hatte ich schon einmal in der *Frankfurter Rundschau* über das sogenannte »närrische Treiben« berichtet, mit fatalen Folgen. Und fast hätten meine Schilderungen dafür gesorgt, dass die geschätzte FR schon weit vor ihrer Zeit in die Insolvenz getrudelt wäre. Ich hatte zwar das geerntet, wonach sich jeder Schreiber sehnt, nämlich jede Menge Resonanz. Die Redaktion wurde von dem überrollt, was damals »Leserbriefwelle« hieß, und wozu man heute »Shitstorm« sagt und damit der Sache wie so oft bei neudeutschen Begriffen nicht im geringsten gerecht wird. Verbunden war diese Resonanz mit einer so großen Menge an Abonnement-Kündigungen, dass ich beim damaligen Chefredakteur Werner Holzer persönlich vor- und ihm versprechen musste, so etwas nie, nie wieder zu schreiben. Seither tat ich es auch nie, nie wieder und würde es auch nie, nie wieder tun.

Dabei hatte ich gar nichts Böses gewollt. Ganz im Gegenteil. Ich hatte mich lediglich in eine der sogenannten »Karnevalshochburgen« begeben und zu verstehen versucht, wie es Zigtausenden Menschen gelingt, quasi auf Knopfdruck gleichzeitig fröhlich zu sein. Dabei hatte ich getreu meines Amtseides das, was ich da sah und hörte, nicht kommentiert, sondern genau so geschildert, wie ich es erlebte. So objektiv, wie mir das möglich war, immerfort dem journalistischen Ethos folgend, das Egon Erwin Kisch mit »Nichts ist erregender als die Wahrheit« formulierte.

Und erregend war es in der Tat, meist ekelerregend. Wobei

es rein wissenschaftlich betrachtet äußerst interessant ist, welche Mengen halbverdauter Speisen nach chemischer Reaktion mit Ethanol aus menschlichen Kehlen den Rückweg nach draußen suchen. Und finden. Umso beeindruckender ist es, wenn dies gleichzeitig aus mehreren tausend Kehlen geschieht. Wäre der Begriff »Tsunami« damals schon allen bekannt gewesen, er hätte in meinen Versuchen, diesen Vorgang plastisch darzustellen, gewiss Verwendung gefunden.

Klar wurde mir indes aber auch: Halbverdauter Döner macht nicht schöner. Von edler Erlesenheit auch das Bild, wenn als dicke Frauen verkleidete dicke Männer ihnen vollkommen unbekannten als dicke Männer verkleideten dicken Frauen ohne Ansage, aber mit reichlich Anhaftungen besagter Mageninhalte die Zunge tief in den Hals stecken und beide dabei virtuos »Helau« gurgeln. Selten war ich so fasziniert von der Gattung Mensch. Wenn Gott das gewollt hat, muss er ein Teufelskerl sein.

Über Karneval dachte ich damals ja noch: Nicht alles, was Hitler verboten hat, ist automatisch gut. Ich schrieb das nicht, doch ich begann, nach meinen Besuchen bei den Jecken, Karneval nicht zu mögen. Ich weiß nicht genau warum, es war eher so ein Bauchgefühl, wie man heute so gerne sagt. Aber bekanntlich heilt die Zeit alle Wunder. Vielleicht ist es – verbunden mit meiner Angst vor einer weiteren Flut gar nicht lustiger Leserbriefe – auch eine Art Altersmilde, die mich nun sagen lässt: »Bevor ich mich wundere, ist es mir lieber egal.« Also macht. Tut. Kotzt. Aber lasst den Dom in Kölle – und Mainz wie es ist. Hauptsache, ich muss nicht dabei sein. Helau!

März 2014

Achtung Judenwitz

Eigentlich ..., ach nee. Fangen wir doch mal anders an, und zwar mit einem Witz. Ein Jude geht über Bord eines Schiffes und wird auf eine einsame Insel gespült. Einige Jahre später findet man ihn. Er hat es sich auf seiner Insel kommod gemacht und zwei Synagogen gebaut. Gefragt, wozu er denn noch eine zweite benötige, antwortet er: »In die geh' ich nicht.« So weit der Witz. Ja, ist recht, ich sehe schon die hochgezogenen Brauen bei Teilen der geneigten Leserschaft. Judenwitze? Darf man die machen?

Um mich von jeglichem Verdacht freizusprechen, hätte ich einen beliebten Trick anwenden können und mit den Worten »Ein jüdischer Freund hat mir folgenden Witz erzählt« beginnen können. Somit wäre ich aus dem Schneider. Außerdem hätte ich erstens nebenbei strafmildernd durchscheinen lassen, einen jüdischen Freund zu haben, und zweitens ja nur wiedergegeben, was der gesagt hat. Aber das wäre erstens gelogen, denn ich weiß gar nicht mehr, wer mir den Witz erzählt hat und schon gar nicht, ob, und wenn ja, welcher Konfession dieser Mensch angehört, zumal mir so etwas vollkommen egal ist. Arschgeigen gibt es überall, ebenso wie Sympathen. Zweitens wäre es absoluter Quatsch, mich überhaupt verteidigen zu wollen, da der Witz drittens gut ist und viertens ja überhaupt nicht antisemitisch (was mir ein jüdischer Freund bestätigte). Der meinte dann sogar noch, dass Juden die segensreiche Eigenschaft haben, herzhaft über sich selbst lachen zu können, was man Katholiken und (schlimmer noch) Protestanten ganz und gar nicht nachsagen könne. Ich warf ihm dann eine unzulässige Verallgemeinerung vor, worauf wir in Streit gerieten und uns schlugen. Das stimmt nicht, aber ich wollte nur mal kurz andeuten, wie schnell Glaubenskriege entstehen können.

Das ist wie bei der Blutrache. Da hat vor Jahrhunderten mal irgendwer irgendwem ein Schaf gestohlen, worauf die Familien der beiden einen mörderischen Hader gegeneinander begannen, der auf Kreta, in Süditalien oder Albanien noch heute gepflegt wird. Und das alles wegen einem Schaf, das muss man sich mal vorstellen. Im Kleinen gibt es das auch bei uns, auch wenn man sich hierzulande nicht erschießt, sondern nur meidet.

So erzählte ich vor einiger Zeit einem Freund aus einer hessischen Kleinstadt, dass ich gehört habe, es gäbe dort einen prima Metzger. »Mag sein«, zischte der ansonsten redselige Kumpan, und seine Miene verdüsterte sich. »Was'n los?«, fragte ich. Er antwortete: »Zu dem gehen wir nicht mehr.« Meiner Nachfrage wich er aus und brummelte, es sei da mal was vorgefallen. Schließlich schilderte er mir den Vorfall in all seinen ungeheuren Details. Seine Urgroßmutter hatte dort nämlich um 1890 ein halbes Pfund Gehacktes gekauft, und das soll wohl so verdorben gewesen sein, dass die gesamte Familie Durchfall bekam. Ob der wirklich vom Hack kam, wurde nie ergründet, der Metzger aber fortan gemieden.

Oh, jetzt habe ich mich verplaudert. Eigentlich wollte ich Ihnen ja nur erzählen, dass mein langjähriges Stammcafé vor einigen Monaten schließen musste und mich das trifft, da ich in all die anderen ringsum nicht gehe – obwohl ich gar keinen triftigen Grund dazu habe. Das muss ich dann wohl ein anderes Mal erzählen.

April 2017

Verzeihung, Griechenland

Eigentlich sollen Friedhöfe ja Orte der Stille sein, der Trauer und des Gedenkens. Und eigentlich heißt es ja, über Tote solle man nichts Schlechtes reden. Was aber, wenn auf einem Friedhof mehr als viertausend Soldaten liegen, von denen viele Fürchterliches verbrochen haben? Im Sinne Tucholskys also potentielle Mörder? Vor etlichen Jahren war ich für einige Wochen auf Kreta, ich recherchierte für eine Reportage über die Gräueltaten deutscher Fallschirmjäger im Jahre 1941. Ich besuchte den Soldatenfriedhof bei Maleme, wo 4465 Wehrmachtsangehörige beerdigt sind, so auch General Bruno Bräuer, der 1947 als Kriegsverbrecher hingerichtet wurde. Ich entdeckte ein Kondolenzbuch, voll mit Gefasel wie »Gestorben für das Vaterland« und ähnlichem Überflüssigen. Kein Wort des Bedauerns, der Anklage, der Reue. Und alle Einträge waren aktuell, aus den letzten Stunden, Tagen, Wochen. So kam ich nicht umhin, auch etwas zu schreiben. Etwas anderes. Etwas Angemessenes. Was genau, weiß ich nicht mehr. Nur, dass die Wörter »Mörder« darin vorkamen und »Entschuldigung«.

Während dieses Aufenthaltes besuchte ich zusammen mit dem Fotografen Stephan Morgenstern und einem kretischen Kollegen ein winziges Dorf. Vier, fünf Stunden waren wir mit dem Geländewagen unterwegs gewesen, bis hoch hinauf in die Berge, wohin selbst Wanderer sich selten bemühen. Wir klopften an eine Hütte, es öffnete ein uralter Mann. Der Kollege erklärte ihm, woher ich komme und warum ich hier sei. Da fing der Alte an zu weinen, umarmte mich und ließ übersetzen: »Sie sind der erste Deutsche, den ich ohne Uniform sehe.« Ich weinte auch, wir weinten zusammen. Der

Alte zeigte mir eine sorgsam gepflegte Walther P38, eine Pistole, die er einem toten deutschen Offizier abgenommen hatte, er ließ seinen Sohn eine Ziege schlachten, und wir tranken gemeinsam viel selbstgebrannten Raki. Wir hatten uns viel zu erzählen – obwohl wir kaum etwas sagten.

Wenige Tage später fuhr ich wieder zu dem Soldatenfriedhof, zu dem Gästebuch. Meine Inschrift hatte jemand mit dickem Filzstift durchgestrichen. Unleserlich gemacht. Ich schrieb etwas Neues. Wissentlich, dass es sich nicht lange halten wird.

Vergangene Woche besuchte Bundespräsident Gauck das Dorf Lyngiades im Nordwesten Griechenlands, wo deutsche Soldaten 1943 mehr als 80 Menschen getötet hatten. Gauck sagte: »Mit Scham und Schmerz bitte ich im Namen Deutschlands die Familien der Ermordeten um Verzeihung.« Es ist groß, dass er das tat, und es ist beschämend, dass erst nach mehr als siebzig Jahren ein Repräsentant Deutschlands öffentlich das Wort »Verzeihung« ausspricht. Die Forderung vieler Griechen nach Reparationszahlungen ist im übrigen nicht zuletzt vor diesem Hintergrund nichts weiter als legitim und nachvollziehbar. Und wer nun einwirft, Deutschland zahle schon genug für Griechenland, der ist ein Narr und hat nichts verstanden.

In den *Tagesthemen* der ARD wurde am Freitag ausgiebig über Gaucks Besuch in Griechenland berichtet. Moderiert wurde die Sendung von zwei Frauen. Pinar Atalay und Linda Zervakis. Beide sind Deutsche. Die eine mit türkischen Eltern, die andere mit griechischen. Das lässt mich ein bisschen hoffen. Manchmal ist es doch okay, Deutscher zu sein.

Heute, als wir noch doof waren

Eigentlich spricht ja so einiges dafür, dass das Verhalten des modernen Menschen von vernünftigem Denken gelenkt ist. Schaue man sich doch nur mal an, wie es vor fünfzig Jahren noch war. Zum Beispiel wurde damals überall geraucht. In Zugabteilen, in Flugzeugen, in Autos und Büros, sogar im Beisein von Kindern und Hunden. Chefs tranken schon morgens Weinbrand, Sekretärinnen Sekt und Arbeiter Bier. Man aß künstlich grellrot gefärbtes Kabeljaugeschnetzeltes und sonntags dicke Braten mit dicken Soßen aus gequollenem Mehl, dazu Erbsen aus der Dose. Man trug Hemden und Socken aus Nylon und im Schwimmbad Kappen, man schnallte sich nicht an, arbeitete auch samstags und wusch danach den Wagen im Wald. Und war man schon mal da, riss man gleich noch ein Kilo Pilze aus dem Boden und legte sie der Ehefrau auf den Küchentisch. Die war immer daheim, denn man durfte ihr per Gesetz verbieten, berufstätig zu sein. Sie hatte den Manne auch zu lieben, und zwar regelmäßig körperlich, denn man nannte dies »eheliche Pflicht«.

Kinder wurden in der Schule verprügelt und Schulklassen von den Lehrern in zwei Hälften geteilt, links »die Dummen« und rechts »die Gescheiten«. Und erschien man nicht regelmäßig in der Kirche, gab's vom Pfarrer gleich noch eins auf die Mütze. Das Fernsehen war schwarz-weiß und zeigte von 18 bis 23 Uhr zwei Programme und danach das Testbild. Und wenn ein Mann einen Mann liebte, kamen beide ins Zuchthaus. Es muss eine fürchterliche Zeit gewesen sein damals.

Nun stelle man sich einmal vor, ein Menschlein sitzt in fünfzig Jahren da und beginnt einen Text so: Eigentlich spricht ja so einiges dafür, dass das Verhalten des modernen Menschen von vernünftigem Denken gelenkt ist. Schaue man sich doch nur mal an, wie es vor fünfzig Jahren noch war. Damals hatten Menschen eigene Autos, mit denen sie mitten in die Städte fuhren. Die stellten sie dort hin und ließen kaum Platz für Fußgänger. Meistens aber standen sie mit laufendem Motor hintereinander und nannten dies »Stau«. Das taten sie auch auf Bahnen, die sich durch das ganze Land zogen. Eigentlich wollten sie darauf von A nach B kommen, was aber selten wie geplant gelang. Ging jemand zu Fuß, hatte er meistens einen Becher Kaffee dabei und verursachte dadurch riesige Abfallberge, die zum anderen Ende der Welt transportiert und dort sortiert wurden. Auch sich selbst ließ man regelmäßig dorthin fliegen. Nach der Ankunft legte man sich dann hin und nannte das »Urlaub«.

Die Menschen ernährten sich nur aus sterilen Plastik-packungen, warfen aber fast ihr gesamtes Essen weg, während viele andere hungerten. Wohlhabend war, wer zufällig auf einer willkürlich eingegrenzten Fläche geboren wurde. Dort verschanzte man sich und ließ nur Gleichwertige her-ein, denn wirkliches Teilen hatte man noch nicht gelernt. Zwischenmenschliche Kontakte wurden elektronisch ge-pflegt, was zu einem Verkümmern der Sprache führte.

Kinder wurden fünf Mal in der Woche in geländegängigen Fahrzeugen in Lernfabriken verbracht, wo schon Dreijährige auf eine Karriere als Gehirnchirurg vorbereitet wurden. Das misslang aber oft, da sie so dick wurden, dass ihr Diabetes sie am Denken hinderte. Es muss eine fürchterliche Zeit gewesen sein damals.

März 2014

Drei Eier und der Kardinal

Eigentlich denke ich ja, meine Großeltern viel zu wenig danach gefragt zu haben, wie früher alles war. Dennoch kann ich mich an einige wichtige Gespräche mit ihnen erinnern. Zum Beispiel über die Hungerjahre nach dem »zweiten Krieg«, wie sie sagten. Als sie »stoppeln« gingen, also auf abgeernteten Feldern nach vergessenen Kartoffeln suchten, immer mit Angst vor dem Feldschütz, denn das Stoppeln war verboten. Ebenso wie das ebenfalls untersagte Aufklauben von Kohlen, die von Güterwaggons gefallen waren. In Köln nannte man das »Fringsen«, nach Kardinal Joseph Frings, der diese Form des Diebstahls abgesegnet hatte. Oder das »Hamstern«, das auch unter hoher Strafe stand. Städter fuhren mit Wertgegenständen aufs Land, um diese dort gegen Nahrungsmittel einzutauschen. Noch heute hört man in manchen Gegenden von Bauern, die in ihren Stuben fünf teure Perserteppiche übereinander liegen hatten und sich im Besitz von gleich mehreren Klavieren befanden, obwohl niemand in der Familie auch nur annähernd mit Musikalität gesegnet war. So entstand ein Neid der Stadt- auf die Landbevölkerung, der mancherorts immer noch anhält.

Und so kam es auch dazu, dass meine Oma einmal auf einen Hof kam und dort einen Gugelhupf stibitzte, der zum Abkühlen auf dem Fenstersims stand. Ein ganzer Kuchen, der damals den Gegenwert mindestens eines Nerzmantels darstellte, ein Kleidungsstück, das allerdings niemand in unserer Familie jemals gesehen, geschweige denn besessen hätte. Seither weiß ich auch, was man unter »diebischem Grinsen« versteht, denn die Oma hatte immer ein solches im Gesicht, wenn sie von dem gemopsten Hupf erzählte. Man könnte ihre Miene auch als »schelmisch« bezeichnen, jedenfalls zeigte sie keine Spur von Reue. Warum auch. Nur wenige Wochen zuvor war Oma nämlich schon einmal auf demselben Hof gewesen, mit dabei die Taschenuhr ihres Vaters, an der sie sehr hing. Doch zu Hause saßen zwei hungernde Kinder, also wollte sie die Uhr gegen Essbares tauschen. »Der Saubauer« (so Oma) allerdings war lediglich bereit, ihr drei Eier dafür zu geben. Ganze drei Eier. Notgedrungen willigte sie ein und machte sich mit den Eiern auf den Heimweg, zwanzig Kilometer zu Fuß.

Drei Eier. Klingelt's, liebe Leserinnen und Leser? Sie ahnen, worauf ich hinaus will. Das Oberverwaltungsgericht Münster urteilte dieser Tage, das Töten männlicher Küken sei rechtens, da deren Aufzucht mit einem »unverhältnismäßig hohen Aufwand« verbunden sei. Sprich: Die Züchter verdienen damit nicht genügen Geld. Ein Skandal, denn Töten müsste nicht sein, es gäbe Alternativen. Doch die sind teurer und deswegen »dem Verbraucher« nicht vermittelbar, wie es heißt. Also werden in Deutschland auch weiterhin jährlich etwa 40 Millionen Küken geschreddert oder vergast, weil wir Preise von 2,89 Euro für ein Huhn und elf Cent für ein Ei erwarten. Das wird sich nicht ändern, diese Hoffnung habe ich aufgegeben.

Man muss stattdessen »den Verbraucher« zwingen und Tierschutz und somit die Achtung eines Lebwesens juristisch höher bewerten als das tumbe Streben nach Profit. Also: Die jetzige Praxis verbieten. Die Sache geht nun in die nächste Instanz. Möge sich das Bundesverwaltungsgericht seiner Verantwortung bewusst sein.

Mai 2016

Eunuchenrennen

Eigentlich wollte ich gar keinen Witz machen. Doch schon nach wenigen Wörtern fiel mir auf, dass es einer werden würde. Ein ziemlich guter sogar. Es begab sich vor einigen Jahren in Stuttgart. Ich saß in einem Straßencafé, da hielt an der roten Ampel irgend so ein Maseratilotusghini, also eine jener teuren Rennschüsseln. Der Fahrer (er sah genau so aus, wie Sie ihn sich jetzt vorstellen) hatte alle Fenster offen, bleckte lüstern in Richtung diverser jüngerer Damen neben mir und rammelte los – und zwar mit dem rechten Fuß. Er röhrte und knatterte fürchterlich, dass es eine Qual war. Als er kurz pausierte, wohl um Applaus entgegenzunehmen, entfuhr mir laut: »Sag mal, jetzt haste so'n teures Auto, aber kein Geld für einen neuen Auspuff?« Die Damen lachten sich kringelig, der laute Herr raste angefressen davon.

Ja. Lustig. Aber wieso kommt so jemand auf den Gedanken, dass es interessant sein könnte, mit einem Kraftfahrzeug vor einem Straßencafé Lärm zu machen? Wieso schlägt er eine gedankliche Brücke zwischen Krach und Sexappeal? Was hatte er erwartet? Dass die Damen sich ihrer Büstenhalter und Schlüpfer entledigen und nackig und fruchtig in sein Auto hüpfen? Psychologisch ist die Antwort klar und allseits bekannt. Potenzgeprotze, Penisersatz, Rumgegockel, Wohlstandsmerkmal und so weiter. Doch praktisch gesehen ist die Antwort noch einfacher: Die Formel 1 ist schuld.

Ein sogenannter »Sport«, bei dem sich willige Weiber selbst als »Boxenluder« bezeichnen, wo leichtbekleidete Frauen seit Jahrzehnten im Pirelli-Kalender abgebildet werden und, von öligen Fingern betatscht, weltweit in Millionen Autowerkstätten hängen, und in dem hässliche kleine Zwerge große schöne Frauen kriegen. Kurzum: Der Autorennsport ist – abgesehen von Vorständen großer Unternehmen – eines der letzten Refugien, in denen Männer noch Männer sein können.

Doch seit Beginn dieser Saison ist dies anders. Aus der wilden Gilde echter Männer wurde ein armes Häuflein wehklagender Eunuchen. Die Entmannung geschah in Form neuer Regeln. Die Motoren mussten schwächer, der Verbrauch geringer, die Autos schwerer und die Auspuffe leiser werden. Vorbei also mit dem Potenzgeröhre. Klar, es wurde gejammert. »Autos müssen Biester sein, die gezähmt werden müssen«, weinte etwa Herr Vettel, stellvertretend für alle anderen. Und Krach gehöre zur Formel 1 dazu. Er fühle sich nun, als sei er mit dem Staubsauger unterwegs.

Dabei sind die Regeln schlicht ein winziger Schritt zurück in Richtung Vernunft. Seit jeher beteuern die Konzerne, die Formel 1 verschaffe ihnen wichtige Erkenntnisse für den Bau normaler Autos. Die Formel 1 als Vorbild? Wo? Wie? Autos verbrauchen heute pro Kilo Gewicht mehr Sprit denn je. Fast alle Serienmodelle schaffen locker 180 Stundenkilometer. Die Sitze sind keine Sitze mehr, sondern ergonomisch dem Arsch eines Zwerges angepasste Hartschaummulden, in denen man sich kaum mehr bewegen kann. Aschenbecher schrumpfen zu Ameisenbadewannen, in die grad mal zwei Kippen passen, und Stoßstangen zu Designschürzen, an denen jeder Kratzer in die Hunderte geht. Die Formel 1 als Vorbild? Wo führt das noch hin? Sollen wir uns künftig bei jeder Ankunft am Fahrziel eine Flasche Sekt über den Kopp kippen?

April 2014

Mein Opa war ein Punk

Eigentlich ist dies ja kein Thema für eine Kolumne. Oder doch? Wir können es ja mal versuchen. Also: Vergangenen Sonntagabend sendete die ARD zu später Stunde ein Konzert der Toten Hosen. Erst mal war alles ganz normal. Die Band spielte, die Menge jubelte. Campino rannte auf der Bühne hin und her, stürzte sich ins Publikum, alles wie immer. Doch dann – ich hatte gerade einen Schuhkarton mit lange nicht mehr betrachteten Familienfotos auf dem Tisch stehen – fiel mein Blick eher zufällig auf ein Bild meiner Großeltern. Karl und Frieda beim Sonntagsausflug, stolz vor ihrem Goggo stehend. Wie hübsch. Ich dachte kurz an dieses und an jenes, dann überlegte ich, wie alt die beiden wohl waren, als dieses Foto aufgenommen wurde. Opa war 1900 geboren, Oma 1901. Und das Bild ist vielleicht von 1953, 1954 ... Ich blickte auf Karl, dann wieder auf Campino, dann wieder auf Karl, dann wurde mir schlagartig klar: Die sind im selben Alter! Karl war auf dem Foto vielleicht drei Jahre älter als Campino bei dem Konzert im Oktober letzten Jahres.

Du meine Güte! Die beiden trennen doch Welten! Gewiss, Opa Karl war auch ein Punk. So bepinselte er, der Malermeister, alle zwei, drei Jahre sein Goggomobil mit einer Mischung diverser Ölfarbenreste, die sich so angesammelte hatten. Mal war das Autochen rosa, mal himmelblau, mal quietschgelb. Und immer fanden sich diverse Insekten auf dem Lack, denn Opa strich auf der Straße. Für die autoverliebten Spießbürger der Fünfziger und Sechziger muss das ja ein Akt der Auflehnung gegen das Establishment gewesen sein. Ich denke jedoch nicht, dass Opa Karl Politisches im Sinn hatte. Ihm war halt schlicht nach einer neuen Farbe seines Goggos. Zweites Indiz dafür, dass Opa Punk war: Opa trug seine dritten Zähne grundsätzlich nie. Nur anlässlich feierlicher Ereignisse wie Taufen oder Konfirmationen steckte er sie sich in den Mund, konnte damit aber weder reden noch essen. Aber auch die Zahnlosigkeit war wohl eher seiner Bequemlichkeit geschuldet.

Und dann war da noch einen Punkt. Nein, nicht, dass Opa den Radetzkymarsch furzen konnte. Eher ein wichtiger. Opa war Deserteur! Anders als der Großvater mütterlicherseits, der bei der Reiter-ss diente (»aber nur, weil er Pferde so mochte«), scherte sich Opa einen Kehricht um die Hitlerei. Er schaffte es bis kurz vor Kriegsende, als Angehöriger der Technischen Nothilfe nicht zur Wehrmacht zu müssen. Stattdessen grub er in Pirmasens nach Bombenangriffen Verschüttete aus. Erst wenige Wochen vor Kriegsende wurde er im Rahmen des Volkssturms doch einberufen. Karl aber wollte nicht. Oder konnte nicht. Jedenfalls versteckte er sich im Wald und wurde dort einige Wochen später von einem Trupp Amerikaner aufgegriffen. Den Jungs muss aber blitzschnell klar gewesen sein: Von diesem Mann geht keine Gefahr aus. Also sagte sie »Go home« zu ihm, und Karl schlotterte zurück nach Pirmasens. So war mein Opa irgendwie ein Held, ohne dass er einer sein wollte und ohne dass dies jemals bekannt geworden wäre.

So. Dies alles ging mir in den wenigen Minuten durch den Kopf, in denen die Toten Hosen »You'll never walk alone« spielten. Und ich weiß nun: Auch wenn Karl vielleicht älter aussah als Campino: Er war der wahre Punk!

April 2014

Fischevermehren in der Grundschule

Eigentlich ist das ja eine hübsche Vorstellung. Einmal in der Woche kommt ein älterer Herr in einem ulkigen Mantel und mit einem lustigen Käppi in die Schule und erzählt den Kindern Märchen. Er erzählt vom einem Troll, der ohne Surfbrett über einen See gehen konnte, Wasser in Fanta verwandeln und aus einem Fischstäbchen viele tausend Fischstäbchen machen. Wenn es so wäre, wäre dies in der Tat lustig. Hinter dem Mann hängt aber auch ein Holzkreuz an der Wand, an das ein schwerverletzter Mann genagelt wurde. Das Blut schießt ihm aus Händen und Füßen, er wurde gefoltert. Das macht den Kindern Angst. Und es geht noch weiter. Der Mann hatte zwar selbst noch nie Sex, bindet den Kindern aber auf die Nase, Oralverkehr sei unzüchtig, Selbstbefriedigung Teufelszeug, Abtreibung Mord, am Karfreitag dürfe man nicht tanzen, und wer die Pille und Kondome benutzt, der komme nicht zum lieben Gott in den Himmel, sondern müsse beim Teufel in der Hölle schmoren.

Zugegeben, das ist einseitig dargestellt. Nicht alle Pfarrer sind so. Aber die Kirchen in ihrem unbändigen Missionswahn sind so, egal, wie sie sich nennen. Und davor müssen gerade Kinder im Grundschulalter geschützt werden. Die glauben doch alles! Die sind doch formbar! Ja, laut Grundgesetz steht es Eltern frei, ihre Kinder vom Religionsunterricht freizustellen. Ich stelle mir aber nun einen armen, sechsjährigen Wurm in der osthessischen oder niederbayerischen Diaspora vor, der womöglich als Einziger in seiner Klasse vernünftige Eltern hat. Das arme Kind! Während die anderen Reli haben, wird es in irgendeiner Besenkammer aufbewahrt, und ob ihm der Hausmeister in der Pause noch eine Brezel verkauft, das ist nicht sicher. Von den Hänseleien der anderen Kinder mal ganz abgesehen.

Das Bundesverwaltungsgericht entschied vergangene Woche, Grundschulen seien nicht verpflichtet, das Fach Ethik anzubieten – wohl aber christliche Religion. Ein skandalöses Urteil, das einmal mehr die Entwicklung von Kindern zu frei denkenden Menschen behindert. Zudem passt es nicht in eine Zeit, in der immer mehr Menschen den lieben Gott einen alten Mann sein lassen und den Kirchen den Rücken kehren. Mein Vorschlag: Schafft doch einfach alles ab. Ändert das Grundgesetz und schreibt hinein: Religionsunterricht hat an einer öffentlichen Schule nichts verloren. Wer das Bedürfnis danach verspürt, der wende sich vertrauensvoll an seinen Pfarrer oder Pastor. Die haben Kirchen, da geht keiner mehr hin, da ist immer Platz. Oder schickt sie meinetwegen in eine Klosterschule. Die klagen sowieso über fehlenden Nachwuchs.

Ein Verzicht auf jegliche Betbeschulung würde außerdem auch die Diskussion um Religionsunterricht nicht nur für christliche Kinder, sondern auch für muslimische, jüdische, hinduistische, buddhistische, russisch-orthodoxe, griechisch-orthodoxe ein für allemal beenden. Also: Befreit die Kinder generell von dem Kokolores, erlöst sie von dem Übel. Außerdem sind die heutzutage eh überschult und freuen sich, wenn sie ein Stündchen länger spielen können, statt sich Märchen von irgendwelchen obskuren Fischevermehrern anhören zu müssen. Und unsere Gesellschaft wäre ein Stück weiter weg vom Gottesstaat, der wir zweifellos nach wie vor sind.

April 2014

Mumme Pohlsen

Eigentlich – das dürfte nun hinlänglich bekannt sein – glaube ich ja nicht an einen Gott. Ich glaube auch nicht an keinen Gott, denn mir ist das Thema schlicht wurscht. Umso mehr staunte ich, als es dieser Tage altmodisch an meiner Wohnungstür klopfte. Ich öffnete und sah da einen hageren Mann stehen, der sich als Assessor des Jüngsten Gerichts vorstellte. Mumme Pohlsen sei sein Name, und er sprach ein schönes Hamburger Hafenarbeiterplatt.

Der Assessor hatte sauber gescheitelte, leicht fettige (ich denke, mit Brisk gekämmte) Haare und trug einen Mantel, wie ich ihn noch nie gesehen hatte. Es war eine Art Joggingmantel, also aus jenem Stoff, aus dem solche Hosen gefertigt sind. Der Mantel war hühnerfrikasseefarben, er reichte ihm bis an die Knöchel und war etwas abgewetzt. Unten aber blitzten blank gewichste Lackschuhe hervor. Er bemerkte mein Stutzen und sagte: »Schuhe sind wichtig, Herl, sie sind die Visitenkarte eines Menschen. Aber wem erzähle ich das.« Der Mann stank nicht, doch er roch. Wonach, wusste ich nicht sofort, kam dann aber auf eine Mischung aus Moder und Sechsämtertropfen.

Pohlsen lächelte freundlich. Ich bat ihn herein, wir kamen ins Gespräch. Rausschmeißer sei er gewesen, in einem Laden auf der Reeperbahn. Und nebenbei habe er für seinen Chef auch kleine Gefälligkeiten erledigt, »so Klappmessersachen«. Ging irgendwann schief. Ein Russe. Oben angekommen, sei er aber wegen seines guten Leumunds sofort für den höheren Dienst eingeteilt worden. »Die Pfaffen sitzen im Keller und schälen Kohlen«, meinte er beiläufig. Irgendwann holte ich eine Flasche Birnenschnaps, wir rauchten und tranken und lachten viel. Besonders als er aus der Datei »Die hundert beknacktesten Gebete der Hessen« zitierte, die sie oben angelegt hätten. Nach einer Weile traute ich mich dann doch zu fragen, warum er denn hier sei. »Routinebesuch«, raunte Pohlsen und rülpste, »reine Routine.«

Eine Sache sei da aber doch. Ich trage doch schon immer meine Geldscheine lose in der Hose. Die Buchhaltung habe festgestellt, dass ich deswegen seit meinem sechsten Lebensjahr bereits 855,31 Euro verloren hätte, D-Mark und alle anderen Währungen bereits umgerechnet. Wenn ich so weitermache, ginge ich bis zum Zeitpunkt meines Ablebens exakt 1445,78 Euro verlustig. Ich überschlug kurz und fragte: »Heißt das, ich werde so ungefähr neunzig?« Er lachte laut und schmutzig. »Nee, nee, alter Junge, so einfach geht das nicht. Zumal es hintenraus mit der Verliererei meist dynamisch nach oben geht.« Überhaupt dürfe er über die Dauer meines irdischen Seins keine Angaben machen. So viel nur: Mit Rauchen und Saufen habe mein Dahinscheiden mal nichts zu tun. »Du gehst aus anderen Gründen drauf.«

Das erinnerte mich an den Mann, der weltweit am längsten eine HIV-Infektion überlebt hatte, und dann in London von einem Bus überfahren wurde. Was haben wir gelacht. Dann öffnete ich noch eine Flasche Tresterbrand, machte uns ein paar Lachsersatzschnittchen, und wir hörten Hans Albers. Als der Schnaps alle war, verabschiedete sich Pohlsen. Ich brachte ihn zur Tür, und im Hinausgehen raunte er: »Besorg dir eine Geldscheinklammer, Herl.« Das habe ich nun getan. Edelstahl, 8,75 Euro. Danke, Mumme Pohlsen.

Juni 2016

Gleichheit ist mir gleich

Eigentlich gibt es ja viele Gründe gegen ein vereintes Europa. Man schweife gedanklich nur mal drei Jahrzehnte zurück und versetze sich in einen französischen Supermarkt. Was war das für eine fremde, verlockende Welt! Hunderte frischeste Fische glotzten einen an, lebende Hummer und Langusten winkten freundlich mit Scheren und Tentakeln, gefühlte tausend Sorten Rohmilchkäse schlummerten selig müffelnd in den gläsernen Vitrinen, Schnecken und Froschschenkel feierten ein launiges Tête-à-Tête, Dutzende von Pasteten prangten inmitten feister roter Kuttelwürste, während krustenknackige Baguettes und dünne Flûtes mit schnuckeligen Petits Fours und puddingsüßen Eclairs um die geneigte Gunst der Käufer buhlten. Das war das Paradies, das war ein französischer Supermarkt! Außerdem war dort auch sonntagsvormittags geöffnet, was den Genuss noch erhöhte. Und nicht nur im Nachbarland gab es solche Märkte, sondern auch in Italien, Spanien, Portugal.

Damit ist es nun vorbei. Im Zuge des gemeinsamen Europa wurden die Waren kontinentweit gleichgeschaltet. In jedem Markt liegt mehr oder weniger der gleiche Kram aus den gleichen Fabriken. Das so in Mode gekommene Streben nach Regionalität und Saisonalität ist kaum mehr als ein groß angelegter Werbegag. Und dass manches, wie etwa der von Maden bevölkerte sardische Käse Casu Marzu, verboten wurde, versteht sich aus Sicht der Konzerne von selbst. Sogar die Baguettes hat man egalisiert. Nur leider in die falsche Richtung. Die sind nämlich mittlerweile drüben wie hüben gleichermaßen labberig.

Solche Beispiele gibt es viele. Nehmen wir mal die Autos.

Man sucht vergebens einen vw Käfer, eine Citroën ds, einen Fiat 500 oder einen Buckel-Volvo. Alle sind im europaweiten Einerlei verschwunden. Eins sieht aus wie das andere. Einzig ihrer Namen bedient man sich wieder. Doch es ist ein hilfloser Versuch der Automobilindustrie, an alte Mythen anzuknüpfen. So, wie wenn eine Familie Dietrich meint, einen Weltstar zu generieren, wenn sie ihr Kind Marlene nennt. Oder der Fußball. Was war es eine bedeutsame Zeit, als die Engländer noch kickten und rushten, die Italiener noch falsch und hinterfotzig spielten, die Franzosen filigran und leichtfüßig, die Deutschen stramm und panzergleich und die Spanier schön, aber beständig erfolglos. Heute praktizieren alle den Stil von Fußball, der angeblich zuerst vom fc Barcelona gespielt wurde. Irgendwie langweilig.

Noch mehr Beispiele? Zugegeben, so langsam gehen sie mir aus. Die Armut in Griechenland, Portugal, Spanien und anderen Ländern ist kein Verschulden des gemeinsamen Europa, sondern des vereinten Großkapitals. Die Krise wäre ohne den Euro noch schlimmer. Und so stoße ich zwangsläufig auf den Joker unter den Argumenten pro Europa: den Frieden. Große Nationen wie Frankreich, Deutschland, England, Italien, Griechenland und andere hauen sich nicht mehr auf die Mütze. Das gab es noch nie, seit Menschengedenken. Und wie fragil dieser Frieden ist, zeigt sich zur Zeit in der Ukraine. Und gleichsam, wie wichtig ein vereintes Europa ist – und mit ihm ein starkes, funktionierendes und von den Bürgern akzeptiertes Europäisches Parlament. Dafür verzichte ich sogar auf den sardischen Madenkäse.

Mai 2014

Eine Großstadt ist kein Freilichtmuseum

Eigentlich keine gute Nachricht. Die Zahl der Verkehrsun-
fälle in Frankfurt ist im vergangenen Jahr gestiegen. Nicht
viel, aber immerhin. Um rund zwei Prozent auf 18 315, wie
die Polizei vermeldete. Aber wie so oft verbirgt sich hinter
einer Nachricht eine weitere. Die Zahl der Unfälle mit Fahr-
radfahrern sei nämlich gesunken – obwohl der Anteil der
Radfahrer am Straßenverkehr seit Jahren kontinuierlich
steigt. Die Polizei schätzt ihn zur Zeit auf etwa 18 Prozent.

Weniger Unfälle also. Und dennoch malen Freunde des
Verbrennungsmotors voller Wonne und immer aufs Neue
das Schreckgespinst von den »Rad-Rambos« an die Wand,
die angeblich rücksichtslos über rote Ampeln rasten und den
armen Autofahrern das Leben zur Hölle machten. Gleichsam lamentieren Fußgänger, die sich nach gutem deutschen
Brauchtum natürlich auch zu einem Verein zusammenge-
schlossen haben, Radler preschten über ihre Steige und miss-
achteten dabei in einem fort Hund, Kind und sogar Kegel.

Nun bin ich ja bekannt dafür, der Harmonie ein Haus zu
schaffen und selbst verfeindetste Parteien in fast schon biblischer Manier um die Tafel der Gleichmut zu scharen. Also
ans Werk. Zunächst sei Euch gesagt: Wir leben in einer Großstadt und nicht in einem Freilichtmuseum. Und in einer solchen Stadt gelten eben andere Regeln als draußen auf dem
Land. Gleichsam gehen von hier Signale für die Zukunft aus.
So war es viele Jahrzehnte lang gängige Praxis, als Fahrrad-
fahrer gegen die Einbahnstraße zu fahren. Jeder tat dies, und
nur in Ausnahmefällen wurde es geahndet. Und heute?
Heute ist es erlaubt. Was Gewohnheit war, wurde Recht.
Und wahrlich, ich sage Euch, so wird es auch mit dem Über-

fahren einer roten Ampel kommen. Denn wie sinnvoll ist es denn, an einer solchen zu warten, obwohl gar kein Auto in Sicht ist? Der verantwortungsvolle Radler fährt los. Er tut dies mehr denn je, und dennoch sank die Zahl der Unfälle. Geht doch. Warum das nicht auch für Autos gilt? Weil sie schneller sind und Tonnen schwer. Ganz einfach.

Nächstes Thema. Wer bleibt denn an einer Fußgängerampel stehen, nur weil sie rot ist? Außer im preußisch-spießigen Berlin macht dies in deutschen Großstädten doch niemand. Wie bitte? Den Kindern ein Vorbild sein? Aber klar. Zeigt ihnen und macht ihnen vor, wann man stehenbleiben muss und wann man gehen kann. Und nagelt sie nicht deutschdoof aufs Trottoir, nur weil da oben ein rotes Männchen strammsteht. Lehrt sie, sich in der Großstadt adäquat zu verhalten, sonst bleiben sie als ewige Landeier auf der Strecke. Das gilt übrigens nicht nur für den Straßenverkehr.

Nun kommt das große Aber: Leben in der dichtbesiedelten Stadt bedeutet auch vermehrte gegenseitige Achtung. Also ist durch Fußgängerzonen und über Gehwege zu berserkern ebensolcher Schwachsinn wie bei Rot über eine vielbefahrene Kreuzung zu donnern. Wie so oft bedarf es des berühmten Feingefühls, das es zu entwickeln gilt. Doch daran hapert es leider bei vielen Mitbürgern. Auch hier nicht nur im Verkehr. So. Nun aber, da ich zum Ende kommen muss, stelle ich fest, dass ich für die Freunde des Verbrennungsmotors gar keine salbenden Worte gefunden habe. Das tut mir leid. Aber ich habe keinen Platz mehr. Und das nächste Mal auch nicht.

Mai 2014

Tierfilme, Tankwarte und Tafelwasser

Eigentlich hat sich ja so einiges getan in der einstigen Service-wüste Deutschland. Klar, noch immer beschäftigen besonders sogenannte »Szenegastronomen« irgendwelche studentischen Schicksen im Service, die zwar über ein hohes Stimmchen und einen tiefen Ausschnitt verfügen, aber keinerlei Ahnung vom Metier. Da wird dann schon mal ein Portugieser zu einem Wein aus Portugal erklärt oder ein Schnitzel Wiener Art zu einem Wiener Schnitzel. Wenn man sich vornehmlich von Kaugummi und Red Bull ernährt, kann das durchaus mal passieren.

Ansonsten aber besteht Anlass zur Hoffnung. In Möbelhäusern kann man schon lange seine Kinder mit Fleischklopsen vollstopfen und sie anschließend in einen bunten Brutkasten bugsieren – um dann ungestört einkaufen zu gehen. Andere Einrichter locken samstags mit einem fast kostenlosen halben Broiler mit Pommes und gesanglicher Beilage durch ein längst verglühtes Schlagersternchen. Auf vielen Ämtern geht sogar freitags um 15 Uhr noch jemand ans Telefon, andere kann man donnerstags bis acht Uhr abends heimsuchen. Bahnschaffner verschenken bei Verspätungen Tetrapaks mit Tafelwasser, in Buchhandlungen wird Latte macchiato gebrüht, und es darf stundenlang gelesen und muss nichts gekauft werden. Auch beim TÜV kriegt man Kaffee und zudem einen verbindlichen Internet-Termin, bei vielen Ärzten muss man nicht mehr stundenlang warten und kann sich zudem auf einem Bildschirm Tierfilme angucken. Es gibt vereinzelt wieder Tankwarte, und in Autobahntoiletten kämpft dezentes Vogelgezwitscher gegen die Entleerungsgeräusche der Reisenden, wenn auch meist vergebens. Einzig in Metzgereien kriegen Kinder nicht mehr obligatorisch ein Rädchen Fleischwurst überreicht, was aber vermutlich an der Angst der Verkäuferinnen vor dem Keifen der Mütter liegt, die eine Fettleibigkeit ihrer Brut befürchten. Unterm Strich aber hat sich einiges verändert, und ein Ende ist noch lange nicht in Sicht.

Einen großen Schritt kündigte unlängst die Commerzbank an. Die fürchtet bekanntlich um ihr Image und eröffnet Ende des Monats eine »Flagship«-Filiale in Stuttgart. Dort soll etwas geschehen, was dem Fass den Boden ausschlagen wird: Mitarbeiter sollen auf Kunden zugehen, sie begrüßen und mit ihnen sprechen! Das muss man sich mal vorstellen! Doch es kommt noch doller: Während der Kunde früher in seiner Hausbank nur dann einen Kaffee angeboten bekam, wenn sein Konto extrem im Plus oder extrem im Minus war, sollen nun alle einen kriegen! Alle, ausnahmslos alle! Außerdem soll man dort auf iPads kostenlos das WLAN nutzen und in Sofalounges rumchillen können. Das erscheine auf den ersten Blick zwar nicht ökonomisch, aber vielleicht komme man irgendwann ja doch mal mit dem Gast ins Gespräch, hoffen die Bänker.

So weit, so gut. Aber, die Frage sei gestattet, worüber gedenkt man dann mit den rumfläzenden Leuten so zu plaudern? Die Unterkunft der Nationalmannschaft bei der WM in Brasilien? Maultaschen? Die Hämorrhoiden des Kunden oder wahlweise des Beraters? Sexuelle Probleme? Modefragen? Frauengeschichten? Bier? Oder nicht doch über irgendwelche sogenannte »Finanzprodukte«, die wieder mal kein Mensch braucht? Ich weiß ja nicht, Leute. Irgendwas bei der Sache hat ein Gschmäckle.

März 2014

Wurst aus der Antike

Eigentlich hat sich diese Methode ja seit Jahrtausenden bewährt. Sieht ein Nahrungsmittel gut aus und stinkt es nicht,
kann man es essen. Ausgenommen einige Käsesorten, die
müssen müffeln, um zu schmecken. Seit dem 22. Dezember
1981 aber will uns die Industrie vorschreiben, was genießbar
ist und was nicht. Mindesthaltbarkeitsdatum oder MHD nennt
sich das. Es ist ein Schwachsinn. Denn generell ist es ja erst
mal so, dass das allermeiste, was bei Discountern herumliegt,
von vorneherein nicht für den menschlichen Verzehr geeig-
net ist, MHD hin oder MHD her. Deswegen gehe ich auch nicht
containern, also nachts die Tonnen der Märkte leerräumen.
Wenn was Gescheites drin wäre, würde ich das durchaus tun,
denn ich schere mich auch sonst nicht um ein MHD. Es wurde
entwickelt, um den Warenumschlag zu beschleunigen, also
den Gewinn zu maximieren. Das ist der einzige Grund.

Vergangenen Donnerstag allerdings war ich selbst ein
wenig erstaunt. Hinterhältig und ohne mich darauf hinzu-
weisen, hatte man mal wieder einen Feiertag eingerichtet,
verbunden mit geschlossenen Läden. Ein Gasthaus aufzu-
suchen, war ich zu träge, also forschte ich daheim nach Ess-
barem. Ich stieß auf eine Dose Pfälzer Leberwurst, MHD September 2001, und eine Dose Pfälzer Blutwurst mit MHD März
2004. Ich setzte einen Topf Pellkartoffeln auf und öffnete die
Dosen. Die Wurst roch köstlich, sie war ja auch von meinem
Lieblingsmetzger, der vor acht Jahren verstorben ist. Während die Kartoffeln brodelten, entsann ich mich der fünf
Büchsen Ölsardinen, die ich im Herbst 1986 in Portugal
gekauft und sorgsam eingelagert hatte. Altmeister Wolfram
Siebeck nämlich hatte mal gesagt, gute Ölsardinen hielten

sich nahezu ewig und würden immer schmackhafter. Außerdem dachte ich mir: Wenn du nun schon ins Spital einfährst, machst du es dem Internisten so schwer wie möglich, die Art deiner Vergiftung zu ergründen. Der Brei aus Fisch, Blut und Leber, den er aus deinem Magen pumpt, wird ihn vor eine sportliche Herausforderung stellen. Ich öffnete also eine Dose Sardinen. Allein das war übrigens schon etwas Sakrales, denn es handelte sich noch um eine der schönen, deren Deckel man mittels eines beigelegten Schlitzspatels aufdrehen muss (das Wort Schlitzspatel habe ich eben erfunden, könnte aber passen, oder?). Egal. Sie wissen, was gemeint ist.

Als die Kartoffeln gar waren, zündete ich ein Kerzlein an, tischte auf und entkorkte eine Flasche Pfälzer Riesling. Es war feierlich. Ich träufelte sorgsam Zitronensaft auf die Sardinen, verspeiste sie genüsslich und gedachte des portugiesischen Fischers, der sie irgendwann Anfang der achtziger Jahre aus dem Atlantik geholt hatte. Und wahrlich, Gräten verschwinden nach Jahrzehnten fast gänzlich. Siebeck hatte mal wieder recht. Dann löste ich sanft die Blutwurst und die Leberwurst aus den Dosen, stieß auf den toten Metzger an und begann zu speisen. Welch' Wonne, wenn das Wurstfett auf den heißen Kartoffeln schmilzt …

Wie die Geschichte endete? Nun, nach getanem Mahl kam noch eine Flasche Pfälzer Tresterschnaps ins Spiel, und der Abend wurde immer schöner. Heute ist Montag, ich sitze hier, schreibe und erfreue mich bester Gesundheit. Und, noch weitere Fragen zum Thema MHD?

Juni 2014

Zu schön, um zu überleben

Eigentlich war es so ein Ding, bei dessen Beschreibung die Leute schlagartig diesen besonderen, leicht stieren und verklärten Blick kriegen, um ihn sogleich wehmütig in die Ferne schweifen zu lassen und dabei leise und hoffnungslos zu seufzen, da ihnen vor lauter Wonne und Glückseligkeit die Wörter abhandengekommen sind, die dem Faszinierenden dieses Dings auch nur im Entferntesten gerecht werden könnten – geschweige denn, dass sie in der Lage wären, damit lange und verschachtelte Sätze zu bilden, denn schon auf halber Strecke würden sie bemerken, dass ihre Ausführungen der Strahlkraft des Dings nicht im Geringsten nahekämen. Dieser Zustand der mit Schnappatmung verbundenen Sprachlosigkeit entspricht vielleicht jenem von akut Verliebten, den Grönemeyer einst mit »Flugzeuge im Bauch« zwar ruhrgebietlerisch derbe hübsch, letztlich jedoch auch nur unbeholfen umschrieb, da er sich nicht umschreiben lässt. Ein letzter vergeblicher Versuch: Es ist eine Verhaltensform, die womöglich am ehesten der einer Vierzehnjährigen entspricht, die plötzlich vor Justin Bieber steht oder vor einem Pferd.

Lassen wir's. Sie wissen, was ich meine. Sie kennen das doch. Da versucht man, etwas zu erklären, merkt aber, dass alle Bestrebungen hoffnungslos ins Leere gehen, da sie zwar in die richtige Richtung zielen, aber doch nicht treffen. Wie beim vergeblichen Schiffeversenken. Es fängt schon an bei der Beschreibung einer Einrichtung. Was kann man da sagen? Karg? Bäuerlich? Spartanisch? Einfach? Unbeholfen? Was passt für ein kleines Lokal abseits des Trubels? Per Zufall war man dorthin geraten und hatte plötzlich einen kleinen Hunger verspürt. Und dann das. Eine Wirtsfamilie, kleine dicke

Menschen, ungemein freundlich, herzlich und gastfreundlich. Eine kleine Speisekarte mit den üblichen Sachen, dazu aber zwei, drei Tagesgerichte. Berge von selbstgemachten Nudeln, Kaninchen, Wildschwein, einige frische Fische und sonstiges Meeresgetier, ein Eintopf, basta. Und vorher dieser Schinken, diese Salami, frisch aufgeschnitten. Und dann dieses Brot. Knusprig, duftend ... Und dieser Wein. Ein einfacher Landwein, aber ... Klar, Grappa gab es dann auch. Selbstgebrannt vom Schwager. Und das Aroma des Espressos ... Und das Beste, das Beste kommt jetzt. Der Preis! Ein Witz. Nicht mal dreißig Euro für zwei Personen, drei Gänge und Kaffee und Schnaps.

Wo das war? Nein, eben nicht in der Toskana, in Umbrien oder in den Marken. Es war mitten in Frankfurt, der teuersten Stadt Deutschlands, wie jüngst erhoben wurde. Und nicht nur das. Es war auch mitten im Nordend, einem der teuersten Viertel in der teuersten Stadt. Eine Gegend der Lässigreichen, der Vielkinderfamilien, der Geländewagennutzer, der vermeintlichen Feinschmecker.

Dort war das – mit der Betonung auf »war«. Denn sie musste schließen, die Familie der kleinen dicken lieben Menschen, die so fantastisch bewirtete. Keine zwei Jahre hielten sie sich, dann waren sie pleite. Es lief nicht. Warum? Weil sie keine Website hatten und nicht bei Fakebook waren? Oder war es dort zu karg, zu bäuerlich, zu spartanisch, zu unbeholfen, zu einfach? Womöglich. Auf alle Fälle nicht trendig, nicht szenig, nicht cool. Da kann man ja gleich in Urlaub fahren.

März 2017

Drohnen und Chicken Wings

Eigentlich fragt man sich ja, warum es so etwas überhaupt jemals gegeben hat. Doch lange Zeit war er ein begehrter Artikel, ähnlich wie Trockenshampoo, Kölnisch Wasser oder Katzenzungen. Die Rede ist von Selbstbräuner. Eine matschige Substanz, die man sich ins Gesicht schmierte und hinterher auch aus hundert Metern Entfernung wie jemand aussah, der sich eine matschige Substanz namens »Selbstbräuner« ins Gesicht geschmiert hat. Alle wussten dies, alle sahen dies, alle müssen doch zumindest insgeheim gedacht haben, dass man damit im wahrsten Sinne des Wortes scheiße aussah – dennoch fühlte sich kaum jemand daran gehindert, die Matsche zu benutzen. Heute verwenden Selbstbräuner nur noch dürftig behirnte AfD-Sympathisanten zur Beschleunigung ihrer Nazifizierung. Das ist natürlich ein Scherz, denn die haben so etwas gar nicht nötig. Das Mittel gibt es also kaum noch. Muss es auch nicht, denn heute geht man zum Bräunen ins Solarium. Doch auch die werden weniger, spätestens seit ein Flug in die richtige Sonne günstiger ist als eine Stunde Studiobrutzeln oder früher eine Tube der braunen Matsche.

Doch das Verschwinden des Selbstbräuners ist ein Anachronismus. Wer hätte das gedacht, aber er war seiner Zeit weit voraus. Während nämlich seit den siebziger Jahren der »Do it yourself«-Gedanke nahezu alle Lebenssituationen und Gesellschaftsschichten eroberte, hält sich der moderne Mensch nun eher zurück und lässt machen. Er glotzt einkaufend ins Internet und sieht dann genüsslich zu, wie ihm spärlich bezahlte Menschen schwitzend seine Einkäufe in den vierten Stock schleppen. Gleichzeitig scheint sich die Zahl der Essenslieferdienste schier wöchentlich zu verdoppeln. Immer mehr Lastenradler sieht man durch die Städte strampeln, um Lauwarmes für teures Geld zu Hungrigen zu bringen. Dass dabei häufig Pizza und Karton eine homogene Symbiose eingehen, scheint niemanden zu stören. Hauptsache, nichts selbst machen müssen. Sogar für die eigene Erholung fühlt man sich nicht mehr zuständig. Zu Hause besorgt dies die sogenannte »Unterhaltungselektronik«, im Urlaub verrichten Animateure den Job. In Ruhe am Meer sitzen oder einfach nur miteinander reden überfordert die Menschen von heute. Oder spart das Sich-erholen-Lassen etwa auch Zeit?

Und klar, der nächste Schritt wird sein, das Machen vollständig den Maschinen zu überlassen. Das selbstfahrende Auto ist fast entwickelt und so gut wie marktreif, und bis Drohnen Unnötiges ausliefern, ist auch nur eine Frage der Zeit. Otto Normalverbraucher fliegen dann seine Chicken Wings fast direkt ins Maul und gaukeln ihm vor, ein alter paradiesischer Traum werde wahr. Auch jene, die schon alles haben, müssen nicht darben. Laut FAZ verkauft ihnen die Firma Steinway & Sons neuerdings für 100 000 Euro einen selbstspielenden Konzertflügel, der ohne menschliches Zutun mehr als 1700 Titel klimpern kann. Das Geschäft floriert. Fast 500 Wichtigtuer kauern weltweit schon am Gerät und gerieren sich wie Lang Lang.

Die Frage stellt sich aber: Was machen die Menschen mit der gewonnenen Zeit? Was fangen sie mit sich an? Ich fürchte, so mancher wird mit dieser Aufgabe überfordert sein und den Weg zum Therapeuten antreten. Der soll das dann mal machen.

März 2017

Schweini und die schärfsten Schnittchen

Eigentlich finde ich an allem ja immer etwas zu kritteln. Das ist auch gut so, denn einen Jubelperser und Alleslober als Kolumnist braucht kein Mensch. Gute Laune sollen andere verbreiten, mein Job ist das nicht. Hätte ich den Menschen ein ewiges Grinsen ins Antlitz zaubern wollen, wäre ich Volksmusikant geworden oder Drogendealer. Doch just wegen dieser Grundhaltung stehe ich nun vor einem Problemchen. Ich muss nämlich gestehen, dass ich nicht alles an dieser Fußball-Weltmeisterschaft fürchterlich fand.

Die Spielerfrauen zum Beispiel waren durchweg lecker anzusehen, viele arbeiten ja sogar als Models. Und einmal mehr wundert man sich, dass Knorznasen wie zum Beispiel ein Schweinsteiger die schärfsten Schnittchen kriegen. Und seine Brandner-Sarah sieht ja nicht nur aus wie die Inkarnation der Versuchung, sie hat sogar Abitur und ein bisschen studiert. Und ihren Schweini hat sie so lieb, dass sie sich sogar nackig und nur mit einem aufgemalten deutschen Leibchen fotografieren ließ. Jetzt mal im Ernst, das hätte es doch bei einer Frau Seeler, einer Frau Schwarzenbeck oder einer Frau Vogts nicht gegeben. Ein Novum auch das Verhalten der deutschen Fans. Die meisten von ihnen waren trotz reichlichem Biergenuss noch fähig, vollständige und einigermaßen sinnvolle Sätze in die Mikrofone der Fernsehleute zu sprechen. Okay, mag man nun einwenden, einer, der in der Lage ist, unglaubliche Summen für den Besuch eines Fußballspiels auf den Tisch zu legen, ernährt sich nicht nur von Bier und Asbach und geht meistens einem Beruf nach, der in der Regel einen einigermaßen unfallfreien Umgang mit der deutschen Sprache voraussetzt. Es sei denn, er ist Lottogewinner, Besitzer einer Nagelstudiokette auf dem Land oder Immobilienmakler in einer Großstadt.

Und die deutschen Fußballer selbst? Sie wirkten sogar in verschwitzter Jubelpose weltgewandter als die deutsche Kanzlerin. Und ihr Trainer Jogi Löw vermittelte zwar nicht sprachlich, wohl aber äußerlich ein Högschdmaß an eloquenter Coolness. Selbst im Dauerregen wirkte er auf der Bank nicht wie ein Fußballtrainer sondern eher wie ein Model bei Dreharbeiten eines Werbespots für ein neues Duschgel mit herber Note. Und das alles soll Deutschland sein? Summa summarum und Spaß beiseite: Es scheint sich da etwas getan zu haben in der deutschen Gesellschaft. Das sind nicht mehr die Deutschen, wie man sie kennt und nicht liebt.

Aber bringt uns das hierzulande weiter? Wird nun alles gut, auch in deutschen Stadien? Werden mit Beginn der neuen Saison nicht mehr geifernde Horden in Trikots durch die Städte ziehen und gegnerische Vereine als »Judenclub« beschimpfen und deren Spieler »ins Gas« wünschen? Werden Schiedsrichter nicht mehr als »schwule Sau« verdammt, wenn sie unpassend gepfiffen haben? Werden nicht mehr Züge und Busse zertrümmert und Polizisten mit Feuerwerkskörpern beschossen? Doch. Das alles wird wieder passieren. Genauso, wie die Gewalt in Brasilien wieder eskalieren wird. Weil es den Menschen in den Favelas nach dieser Super-Glamour-WM genauso beschissen gehen wird wie zuvor. Womöglich gar noch beschissener. Denn man hat ihnen gezeigt, wie viel Geld aussieht – und was man Schönes damit machen kann. Oder auch nicht.

Juli 2014

Israel im Endspiel

Eigentlich ist es für dieses Thema ja schon zu spät. Etwas, das schon eine Weile her ist, interessiert heutzutage niemanden mehr, zumal, wenn schon jede Menge darüber geschrieben worden ist. Eigentlich ist es aber genau wegen dieser Schnelllebigkeit gar nicht so verkehrt, noch einmal draufzugucken auf das, was da geschehen ist. Eben weil's kaum jemand mehr tut, weil sich niemand überlegt, was da wohl hängengeblieben sein mag.

Das Thema: Sechs junge Männer führen vor den Augen der Weltöffentlichkeit einen Tanz auf, der darstellt, wie sich die argentinischen Gegner geschlagen und gedemütigt herumschleppen, die Deutschen hingegen stolz und aufrecht als Sieger voranmarschieren. »So gehen die Gauchos, die Deutschen, die gehen so«, nannte sich das unselige Spektakel. Für mein Verständnis eine schäbige Demonstration der vermeintlichen Dominanz des teutonischen Herrenmenschen. Klar regte sich sofort Kritik, vornehmlich geäußert von einer ungewöhnlichen Allianz aus taz und FAZ. Die Bild-Zeitung schoss natürlich volkstümelnd dagegen, forderte gar ein »Weitertanzen« und animierte gleich eine schwäbische Schulklasse, dies vor dem Brandenburger Tor zu tun. Die offiziellen Reaktionen indes waren verhalten. Man sprach strafmildernd von »Emotion und Freude«, das seien nun mal junge Kerle, außerdem sei dies ein Fußballtanz, der von den Fans schon lange aufgeführt werde. Bleibt nur zu hoffen, dass nicht alles, was grenzdebile Schreihälse so auf den Stadionrängen vollführen, demnächst von unseren Nationalspielern im Fernsehen nachgemacht wird.

Nichts gesagt wurde von der sonst so vielbeschworenen

Vorbildfunktion der Nationalmannschaft. Schon ein kollektives Sturzbesäufnis junger Männer live im Fernsehen zu zeigen ist zumindest grenzwertig. Da sage noch mal einer was gegen Komatrinken bei Jugendlichen. Doch öffentlich einen bereits Besiegten noch mit Schmährufen zu bedenken und zu erniedrigen, das entspricht doch sicherlich nicht dem so oft betonten Toleranzdenken des Deutschen Fußballbundes. »DFB – Más Integración« lautet der Spruch, mit dem der Verband wirbt – bezeichnenderweise auf Spanisch.

Gestern nahm sich doch noch mal jemand des Themas an. *Spiegel*-Autor Dirk Kurbjuweit schrieb in einem Essay über den neuen deutschen Mann, das Ganze sei »eine Art Ententanz gewesen, ein trunkener Spaß«. Nun hat Kurbjuweit erstens noch alle Tassen im Schrank und zweitens auch noch nie durch Deutschtümelei auf sich aufmerksam gemacht. Auch jetzt nicht. Denn er ist ein kluger und denkender Mensch und hat deswegen aus seiner Sicht gewiss recht. Es war ein »trunkener Spaß«, keine Frage. Doch wird dieses Land nicht von achtzig Millionen Dirk Kurbjuweits bewohnt, sondern von jeder Menge Zeitgenossen, denen ein klarer Blick und ein vernünftiger Geist nicht gegeben sind. Und wie mag bei denen dieser »trunkene Spaß« angekommen sein? Also bei jenen, denen selbst in WM-freien Zeiten der Spruch »Ich bin stolz, ein Deutscher zu sein« locker über die Lippen kommt? Ich möchte mir das nicht ausmalen. So bleibt die unbefriedigende Erkenntnis, dass dies also nur ein harmloser, trunkener Tanz unschuldiger junger Burschen in emotionaler Rage war. Doch ich frage mich: Was, wenn wir im Endspiel Israel besiegt hätten?

Juli 2014

Heilige Stuhlprobe

Eigentlich wollte ich ja dieses Thema für ein Weilchen auf sich beruhen lassen. Zu leicht war es, damit wilde Diskussionen zu entfachen, böseste Leserbriefe einzuheimsen, wüsteste Beschimpfungen zu ergattern und ärgste Verunglimpfungen. Denn zu dünnhäutig sind die Betroffenen, zu sicher fühlten sie und ihre Vorfahren sich jahrhundertelang in ihrem dicken Fell, als dass sie in der Lage wäre, auch nur den Hauch einer Kritik nonchalant hinzunehmen. Da wird beim leisesten Anlass gezetert und gewettert, als gehe es um den Fortbestand des Abendlands.

Also ließ ich es einstweilen sein. Klar, vorletzte Woche war es, da zuckte mir heftig der Griffel, er war nur mühsam zu bändigen. In Obertshausen bei Frankfurt nämlich hatten sie in der dortigen katholischen Kirchengemeinde einen Tropfen Blut aus einer Eigenblutspende des Papstes Johannes Paul II. erhalten und dies gefeiert wie unsereins einen Lottogewinn. Selbstverständlich vibrierten da sofort meine Synapsen. Würden sie auch mal eine junge Päpstin zulassen, ging mir zum Beispiel durch den Kopf, bekämen sie Monat für Monat eine neue Blutreliquie. Oder, noch leichter zu erlangen, wie wäre es denn mit einer päpstlichen Stuhlprobe? Bettpfanne drunter, und schon ist sie fertig, die Reliquie. Und kann für teures Geld weltweit im Internet verkauft werden – zumal sie mit Fug und Recht als heiliger Stuhl bezeichnet werden dürfte. Ganz ohne Etikettenschwindel.

Und dann war da unlängst noch diese Übernachtung. In einem 1000-Seelen-Örtchen schlug ich des Samstags meine Lagerstatt auf, in einer Pension direkt neben der evangelischen Kirche. So durfte ich Zeuge davon sein, wie am Sonntagmorgen ab 9:15 Uhr die Glocken donnerten, und zwar geschlagene 45 Minuten lang. Das diene dazu, so erfuhr ich später, den neun Omas, die jeden Sonntag den Gottesdienst besuchten, mitzuteilen, dass jener um 10 Uhr beginne. Dass die neun Omas seit Jahrzehnten bereits um halb zehn auf den immergleichen ihnen angestammten neun Plätzen im Hause des Herrn sitzen, spielt in den Entscheidungen zum Läuten der Glocken allerdings keine Rolle. Das nennt man dann Tradition.

So weit meine jüngsten Erkenntnisse, die ich aber aus Rücksicht nicht zu Papier brachte. Dies hätte auch noch lange Zeit so andauern können, wäre da nicht vorgestern dieser Kommentar in der Sonntagszeitung der FAZ gewesen. Wurde da doch glatt vom geschätzten Kollegen Ralph Bollmann wohlbegründet gefordert, die Kirchensteuer abzuschaffen – und zwar zum Wohle der Kirchen. Denn sehr wohl bekannten sich viele Menschen zum Glauben, verließen aber wegen der zu entrichtenden Steuer dennoch die Kirche. Erst recht, wenn ihnen bewusst werde, dass die Kirchen mit dem Geld großteils nichts Karitatives täten, sondern lediglich Gottesdienst, Pfarrer und ähnliches finanzierten. Fazit der FAZ: Ein Wegfall der Steuern wäre für die Kirchen zwar mit einem Verlust an Bequemlichkeit verbunden, doch dadurch würde ihr Ansehen steigen und die Zahl der Austritte fallen.

Und das alles stand nicht im Feuilleton, nicht im Gesellschaftsteil, im Sport oder beim Vermischten. Nein. Es stand dort, wo's ans Eingemachte geht, wo's wirklich wichtig ist, wo's wehtut: im Wirtschaftsteil. Vielleicht hilft es ja.

August 2014

Vom Entstehen der Hipster

Eigentlich haben Kinder immer recht, denn bekanntlich tut deren Mund Wahrheit kund. Zuweilen werden sie sogar hochphilosophisch. Meinte doch vor Jahren der Sohn eines Freundes: »Wenn Du mal so klein bist wie ich, wirst Du auch keinen Spinat mögen.« Was soll man dagegen sagen. Und sie reden nicht nur klug, sie handeln auch so – wenn man sie lässt. Eltern überschätzen da oft den Instinkt des Kindes. Im Zimmer der Tochter einer Freundin hängt zum Beispiel ein Schild mit der krakeligen Aufschrift: »Mein Lieblingstier heißt Schnitzel und es kommt aus Wien.« Schöner noch: Die Kleine produziert nicht nur solch schöne Sprüche, sie handelt auch danach und ist in der Lage, genüsslich ein Schnitzel von gewaltiger Dimension zu verzehren.

Kinder essen Fleisch, und sie haben recht damit. Gut, Freund Peter hat es vielleicht ein wenig übertrieben, als er seinem Kleinen, noch bevor jener abgestillt war, einige Bröckchen Leber- und Blutwurst zufütterte. Doch der Mann ist Pfälzer und sorgte sich, sein Sohnemann könne vom rechten Weg abkommen und Vegetarier oder gar Veganer werden. Da kann so eine frühkindliche Erfahrung schon hilfreich sein.

In der Tat war es auch für meine kulinarische Prägung wichtig, schon als Kind bei Schlachtfesten mitgeholfen zu haben. Ich durfte das schlachtwarme Blut rühren, damit es nicht gerinnt. Noch heute läuft mir schon beim Anblick einer Blutwurst das Wasser im Mund zusammen. Und ich kenne nicht wenige Kinder, denen beim Besuch eines vernünftig geführten Bauernhofs das Knuddeln wenige Tage alter Schweinchen erst Appetit gemacht hat auf ein schönes Schnitzel. Ich finde das kaum verwunderlich, ist doch nichts lusttötender als der Besuch der Fleischabteilung im Supermarkt. So bin ich der festen Überzeugung, dass Kinder mit solchen Erfahrungen auch keine Fleischfettberge der Fast-Food-Läden in sich stopfen und später nicht beim Discounter das Billigste vom Billigen kaufen. Sie essen lieber wenig Fleisch, dafür aber hochwertiges.

Und sie sind durch ihren gefestigten Standpunkt nicht anfällig für immer wieder aufkommende Essmoden wie den seit einiger Zeit grassierenden Veganismus. Man müsste ja gar nichts dagegen sagen, wäre er nicht mit diesem Dogmatismus verbunden, der mich immer wieder an meine Tante Elli erinnert. Die hing mir jahrelang mit der Behauptung in den Ohren, onanieren lasse das Rückenmark schwinden. Hätte ich ihre Mahnungen nicht im Laufe meiner Pubertät kurzerhand weggeschürbelt, müsste ich sicherlich mit bleibenden Schäden leben.

Doch wie entstehen sie, diese temporären Essmoden? Ich denke, sie kommen aus Berlin. So wie der momentan zu beobachtende Bartzwang für Männer zwischen 20 und 50. Der Ursprung war wie immer ganz einfach. Einige hippe Szeneheinis waren zwar sexy, aber so arm, dass sie mehr und mehr verwahrlosten und schließlich aussahen wie Neandertaler. Und weil dies in Berlin geschah, wurde es zum Trend. Weiter: Die Jungs waren schließlich so klamm, dass sie sich zuerst keine Wurst mehr auf der Schrippe leisten konnten, später auch keine Butter. Ein neuer Hype war geboren: Der Veganismus. Mal sehen, wie lange er sich hält.

August 2014

Let's fly to Schwachsinn

Eigentlich kennt man das ja. Sobald sich der Mensch hilflos fühlt, neigt er zur Unvernunft. Ein Beispiel dafür sind Religionen. Da hält man sich für wichtig und unverzichtbar – und bemerkt dann seine Vergänglichkeit. Nach einer gewissen Zeit fällt man um, liegt herum und wird von allerlei Gewürm zu Dünger verarbeitet. Das ist der Plan der Natur für jedes Lebewesen. Der Mensch hingegen wollte dies mit zunehmendem Wuchs seines Gehirns nicht mehr hinnehmen. Also schuf er sich einen Gott, der für ein Leben nach dem Tod sorgt, und ersann im Zuge dieses Gespinsts noch weitere Unsinnigkeiten wie Glaubenskriege, Hexenverbrennung, Zölibat und Tanzverbot. Aus purer Selbstliebe geriet er außer Rand und Band.

Ein ähnliches Beispiel für das Scheitern an seiner Unzulänglichkeit ist die Fliegerei. Der Mensch kann gehen, laufen, hüpfen, springen, auch ein wenig schwimmen – doch er wird sich nie aus eigener Kraft in die Lüfte erheben können. Also ersann er so einiges Gerät, es den Vögeln gleichzutun – mit magerem Erfolg. Er geriet an die Grenzen seiner Möglichkeiten, und das wurmte ihn. So erklärte er auch die Fliegerei zum Götzen und frönt ihr immer gigantomanischer. Fluggeräte wurden schneller, größer und zahlreicher – somit immer unvernünftiger. Und ein Ende des Schwachsinns ist nicht absehbar.

Wer's nicht glaubt, der werfe mal einen Blick auf flightradar24.com. Dort ist live zu sehen, wie viele Flugzeuge gerade weltweit unterwegs sind. Tausende bunte Pünktchen und Fädchen, jedes Pünktchen ein Jet, jedes Fädchen seine Route. Es ist ein Schaltplan der Welt, ein Schnittmuster der

Irrationalität. Die Pünktchen und Fädchen bündeln sich dort, wo der Wohlstand wohnt. Nordamerika, Europa, Teile Asiens. Die meisten Gegenden der Erde aber sind nicht bunt, also unbeflogen – und somit arm. Dabei ist es doch ein ungeheurer physikalischer Aufwand, eine Handvoll Schnapsdrosseln zum Saufen nach Mallorca zu transportieren oder eine Horde Lustgreise zum Kinderbesabbern nach Thailand.

Mit jedem Start werden Hunderte Tonnen Masse in die Lüfte bewegt – davon aber nur etwa drei Tonnen Mensch. Dennoch wird immer mehr geflogen, und immer mehr aus Jux und Tollerei. Denn durch die modernen Kommunikationstechniken werden Geschäftsreisen immer überflüssiger – auch wenn das Fliegen immer weniger kostet. Je mehr man darüber nachdenkt, umso paradoxer wird das Ganze. Damit einige spottbillig aus Spaß an der Freud' von A nach B jetten können, müssen Millionen unter Fluglärm leiden, von den Folgen für die Umwelt mal ganz abgesehen.

Der Irrsinn geht weiter. Noch immer ist Kerosin steuerfrei. Behandelte man es wie Benzin, würden sich die Flugpreise verdoppeln und die Passagierzahlen halbieren, und somit auch die Folgen für Umwelt und Anwohner. Leiden würde allerdings die heilige Kuh »Wachstum«, allein schon der Gedanke daran verursacht bei Managern Angstschweiß. Es ist die nackte Furcht vor der Vernunft, also ist man stets bemüht, den Schwachsinn noch schwachsinniger zu machen. Man denke nur an die Peinlichkeit Flughafen Berlin oder die alberne Piste in Kassel.

Falls das nicht reicht: Soeben wurde bekannt, dass in Frankfurt ein neues Terminal gebaut werden soll. Exklusiv für Billig-Airlines.

April 2017

Mit dem ewigen Grinsen am Steuer

Eigentlich mache ich mir ja wenig aus bewusstseinserweiternden Substanzen. Mir reichen im Sommer Weiß- und im Winter Rotwein. Diese, meine Drogen, konsumiere ich regelmäßig seit meinem 16. Lebensjahr, also kann ich getrost behaupten, dass sie sich bewährt haben. Andererseits kenne ich Menschen, die seit vielen Jahren ausgiebig dem Wirkstoff Tetrahydrocannabinol zusprechen und prangere dies selten an. Ich reagiere jedenfalls nicht so wie jener Polizeioberkommissar, den ich vor vielen Jahren mal bei einer Drogenrazzia begleitete. Wir schlenderten so durch Frankfurt, und aus einer Small-Talk-Laune heraus sagte ich: »Na ja, so einen durchgezogen haben wir ja alle schon mal, nicht?« Der Mann erstarrte, blieb abrupt stehen und sah mich an, als ob ich ihn gefragt hätte, ob er denn schon mal Sex mit einer Elchkuh gehabt habe. Und wenn, hätte er dies eher zugegeben, als den Konsum von Cannabis.

Doch wie gesagt, das ist lange her, der Mann dürfte mittlerweile kurz vor der Pension stehen. Mit etwas Glück hat er vielleicht wohlgeratene Kinder in die Welt gesetzt, die ihn mal an ihrem Joint ziehen und so in eine andere Erfahrungswelt vordringen ließen. Oder ein feixender Kollege buk anlässlich einer Betriebsfeier Kekse mit Hasch aus der Asservatenkammer und ließ den Kommissar auch mal ein wenig jodeln. Ob so oder so, der Wirkstoff ist salonfähiger geworden. Junge Menschen werden nicht mehr als Haschbrüder beschimpft, ist doch allgemein bekannt, dass fast jeder Zweite unter 25 Jahren schon mal kiffte. Und die Droge zieht sich durch alle Altersschichten. So manche Hausfrau nimmt heute lieber einen kräftigen Zug aus dem Pfeifchen als einen Schluck Klosterfrau-Melissengeist. Und es sind eher die 75-jährigen, die aus alter Gewohnheit mit dem ewigen Grinsen im Gesicht am Steuer sitzen.

Die Entwicklung schreitet also voran, lediglich der Gesetzgeber hinkt mal wieder hinterher. Während hierzulande noch arme Würmchen wegen zehn Gramm Gras verfolgt werden wie Kapitalverbrecher, sind Besitz und Konsum von Cannabis in vielen Ländern der Welt längst erlaubt, selbst in den sonst so prüden USA bereits in 23 Staaten. Dort erhielt sogar der dauerkiffende Rapper Snoop Dogg kürzlich eine Audienz beim Präsidenten. Gras und Hasch erfreuen sich steigender Beliebtheit – beim Konsumenten, bei den Herstellern und bei den Regierungen. So brachte die Legalisierung dem Bundesstaat Colorado allein im ersten Halbjahr 2014 zusätzliche Steuereinnahmen von 20 Millionen Dollar. Herzerweichend auch ein ZDF-Bericht aus Israel. Dort bekommen siechende Omas in Heimen vorgedrehte Joints oder lustige Kekse und fahren kurz drauf im Hühnerstall Motorrad.

Bei uns hingegen dürfen sich Schwerkranke nach langem juristischen Gerangel mit Müh' und Not endlich THC verschreiben lassen, und zaghafte Versuche der Grünen, Coffeeshops nach niederländischem Vorbild zu erlauben, werden milde belächelt. Dabei wäre eine Legalisierung eine vernünftige Lösung. Der Staat erhielte mehr Steuern, die Verbraucher besseres Gras und die Polizei mehr Kapazität, die wirklich Kriminellen zu fangen – oder jene mehr zu verfolgen, die sich auf Volksfesten einen Eimer legales Bier in den Kopf schütten und sich dann ans Steuer setzen.

August 2014

Hartz-IV-Fernseher

Eigentlich hatte ich ja mal entschieden, nie wieder Privatfernsehen zu gucken. Das war Anfang 1993, und sie hatten gerade *Tutti Frutti* mit Hugo Egon Balder eingestellt. Ich hatte das für eine Art Anarcho-TV gehalten und gerne hin und wieder angesehen. Erst später begriff ich, dass die bei RTL richtiges Fernsehen machen wollten. Und ich ahnte nicht, was da noch so alles kommen sollte. Meinen Vorsatz hielt ich 17 Jahre durch, bis ich vor vier Jahren einen jener Hartz-IV-Fernseher kaufte. (Das sagt Ihnen jeder Sozialarbeiter: Je kleiner der Hartz-Satz, desto größer der Bildschirm.) Warum ich das Gerät erstand, erzähle ich ein anderes Mal. Das ist eine längere Geschichte.

Jedenfalls stand das Ding nun da, und es erschien mir kompliziert zu bedienen. Es kann auch sein, dass es mir egal war, wie es funktioniert, weil mich Technik nicht interessiert. Warum auch immer, ich sah mich nicht in der Lage, die fünf Programme, die ich mir ansehe, auf die ersten fünf Knöpfe der Fernbedienung zu verteilen. Arte hat die Nummer 38, glaube ich, 3sat die 9, oder so irgendwie. Ich hab's schon wieder vergessen. Ich habe mir die richtigen Knöpfe auch schon aufgeschrieben, doch immer, wenn ich fernsehen wollte, fand ich den Zettel nicht. So geht das bis heute. Wenn ich einen bestimmten Sender suche, bin ich gezwungen, alle Knöpfe nacheinander durchzudrücken, bis ich an den rechten gerate. Man nennt das »Zappen«, glaube ich.

Mit dieser Tätigkeit brachte es mein geschätzter Freund und Kollege Hans Zippert mit seiner Kolumne *Zippert zappt* in der Tageszeitung *Die Welt* zu Weltruhm, Preisen und beträchtlicher Ehre. Hieße Hans »Herl«, hätte das nicht geklappt. Ich hingegen bringe es mit dem Zappen lediglich zu der Erkenntnis, dass sich bei den diversen Sendern im Laufe der Jahre eine unglaubliche Menge Müll verfangen hat. So zum Beispiel diese ewigen Sendungen über Menschen, die nichts können – aber genau das tun und auch noch im Fernsehen vorzeigen wollen. Ob das nun Köche sind, Auswanderer, Hobby-Handwerker, Urlauber, Sänger, Tänzer oder Bauern – es ist eine beständige Berichterstattung über das immerwährende Misslingen. Und je mehr sich jemand zum Affen macht, umso drastischer wird darüber berichtet. Kann man denn nicht mal Leute zeigen, die etwas hinkriegen? Warum müssen gecastete Sänger nicht singen, Kanaren-Auswanderer kein Wort Spanisch sprechen und liebestolle Landwirte nicht richtig küssen können? Diese Verwunderungen haben mich ereilt, obwohl ich die einschlägigen Sender nur jeweils zehn Sekunden angucke.

Vorgestern hingegen hielt ich vorsätzlich an beim Knopf Nummer 27. RTL. Erstmals übertrug der Sender ein Spiel der deutschen Fußballer. Schon Wochen vorher hatte man sich damit gebrüstet, vierzig Kameras aufzubauen, achtzehn mehr als ARD und ZDF. Doch warum? Um möglichst nah das schmerzverzerrte Gesicht von Marco Reus zu sehen, als er sich schon wieder verletzte. Um fast schon kernspintomographisch den dicken Knöchel des humpelnden Fußballers zu zeigen. Um Jogi Löw zu beobachten, wie er auf dem Flur vor dem Studio noch geschminkt wird. Es wird höchste Zeit, dass ich mir die Bedienungsanleitung für die Fernbedienung mal genauer ansehe. Denn ich habe genug gesehen.

September 2014

Früher war mehr Hitler

Eigentlich ist ja kaum etwas noch so, wie es einmal war. Das ist in der Regel betrüblich, sieht man mal von Hitler ab, dem Tripper und den Plumpsklos. Doch Gurkensalat schmeckte früher noch nach Gurkensalat, während heute selbst Bio-Gurken so aromatisch sind wie ein Schluck Wasser. Das ließe sich endlos fortführen, da braucht's keine Sozialromantik. Früher gab es noch Postboten, Kassenbrillen, Jahreszeiten, Kindergärten, eine FDP, Kellner, Raucherabteile, und Kaffee trank man noch im Sitzen und nicht im Gehen.

Heute hingegen brauchen wir uns als Kassenpatienten kaum noch zum Facharzt zu bemühen, wir kriegen eh keinen Termin. Im Fernsehen kommt es zu Sternstunden wie vergangenen Samstag, als gegen 13 Uhr im Ersten »Die Landärztin« lief und im Zweiten »Der Landarzt«. Unsere Biere geraten mehr und mehr zu einer Einheitsplörre wie in Amerika, und gegessen wird zunehmend mit dreckigen Fingern statt mir Messer und Gabel.

Andererseits waren wir früher sehr deutsch, und das sind wir heute nicht mehr, und das ist gut so. Zwar schwenken wir mehr Nationalfläggchen und singen unser Lied, zwar kriegen Brauntümler wie die AfD Wählerstimmen, gleichzeitig aber lümmeln wir tagaus, tagein in Straßencafés rum, trinken Latte macchiato und Caipirinha und essen Fajitas und Cupcakes, unser Kanzler ist weiblich, unsere Jugend kifft, Käsetheken in den Supermärkten sind wenigstens vorhanden, die Schlipse und Socken bunt, die Schuhe zum schwarzen Anzug oft braun, und unsere Kicker in Brasilien mit undeutsch schönem Fußball Weltmeister geworden.

Heute bekommt man selbst in abgelegensten Gegenden

um 11 Uhr morgens noch ein Frühstück serviert und draußen nicht mehr nur Kännchen, sondern sogar einen passablen Espresso. Vegetariern bietet man sogar in ländlichsten Wirtshäusern nur selten noch einen Wurstsalat als Alternative zum Schnitzel an, ein nicht blitzblank gewienertes Auto ist kein Zeichen mehr für sozialen Verfall, in die Oper findet man auch mit Turnschuhen Einlass, Flugkapitäne machen flapsigere Ansagen als früher die Moderatoren von Jugendsendungen, Finanzbeamte tragen Ohrringe und Tätowierungen und Männer ihre Babys im Wickeltuch auf dem Bauch.

Alles ist also anders, das hat seine Vor- und seine Nachteile. Genauso ist es in der Industrie. Früher galten Marken wie Krupp, Miele, Grundig, Volkswagen oder Mercedes-Benz noch als Garanten für Qualität made in Germany. Weil menschliche Maschinen an den Maschinen standen. Pünktlich, fleißig, arbeitsam und gehorsam. Zäh wie Leder und hart wie Kruppstahl. Das ist vorbei. Welch ein Segen! Heute sind in allen Produkten weltweit die gleichen Bauteile der gleichen Hersteller verarbeitet, die gleich schnell kaputtgehen. Mir ist das wurscht. Ich war noch nie stolz auf Deutschland, also auch nicht auf deutsche Produkte. Seit einiger Zeit aber offenbart sich eine weitere Folge der Entdeutschung unserer Gesellschaft: Die Bundeswehr taugt nicht mehr. Das einst so zuverlässige deutsche Kampfgerät bröselt vor sich hin und ist kaum mehr einsatzfähig. Eine Abrüstung von innen, sozusagen. Eine deutsche Armee, die nicht mehr wehrfähig ist, weil ihr die Waffen unterm Hintern wegrosten. Ach, Tucholsky, hättest Du das doch noch erleben dürfen!

September 2014

Esst mehr Bücher

Eigentlich sind ja in unserer beschleunigten Welt immer mehr Menschen und Dinge an Orten, wo sie nicht hingehören. Nehmen wir doch mal die AfD. Die behauptet zwar, mit Nazis nichts am Hut zu haben, fordert aber, eine deutsche Frau solle drei Kinder haben. Dies ist eine Partei, die gewiss nicht in Parlamente gehört, sondern bestenfalls ins Nichts. Wenn nämlich dummes Geschwätz für ein politisches Mandat qualifizieren würde, schlüge ich unseren Stammtisch für den Bundestag vor.

Ein weiteres Beispiel bilden die Sympathisanten dieser Partei. Sie sind sonntags an der Wahlurne fehl am Platze und gehören wieder nach Hause auf die Couch zu Chips, Bier und den Geissens – oder in den Granatenhagel von Aleppo, von mir aus zusammen mit Leuten wie den Geissens. Damit wären wir beim nächsten Thema. Flüchtlinge nämlich gehören bestimmt nicht nach Deutschland. Denn jeder von ihnen wäre mit Sicherheit lieber zu Hause geblieben, im gewohnten Umfeld, bei Familie, Freunden, Bekannten. Doch sie hatten keine Wahl, sie mussten weg. Und sie fanden in Deutschland schlicht etwas Besseres als den Tod. Mehr nicht. Deswegen gehören sie eigentlich unbedingt hierher. Und müssen behandelt werden wie Gäste im eigenen Wohnzimmer. Von mir aus auch mit Chips, Bier und den Geissens. Das gilt im Übrigen nicht nur für Menschen aus Syrien, sondern für alle anderen auch, die wegen Krieg oder Hunger ihr Land verlassen mussten.

Womit wir bei einem weiteren Ärgernis wären. Dem Buch. Die Menschen benutzen immer weniger Wörter (»Papa, kann ich ein Eis?«) und verkürzen diese sogar immer mehr (von

»bitte mit viel Knofi« bis hin zu »lg« und diesen unsäglichen Hackfressen in elektronischen Briefen). Gleichzeitig aber verlassen immer mehr Bücher die Fließbänder der Druckereien. Es ist nur scheinbar ein Widerspruch. Die allermeisten dieser »Bücher« sind nämlich gar keine und haben demzufolge auch auf einer Buchmesse nichts verloren. Sie sind schlicht elendiger Schund. Und dennoch sind sie da, wie dieser Tage in den Frankfurter Messehallen. Und mit ihnen ihre sogenannten »Autoren«, die hier ebenfalls nicht hingehören. Doch was tun? Die »Autoren« könnte man heimschicken. Aber die »Bücher«? Sie zu verbrennen ist in Deutschland aus historischen Gründen nicht anzuraten, selbst, wenn sie gar keine sind.

Also empfehle ich ein Vorgehen, wie es der Literaturkritiker Denis Scheck einst anriss. Der sagte nämlich mal über ein besonders fürchterliches Werk: »Wäre dieses Buch ein Pferd, man müsste es erschießen.« Das führt in die richtige Richtung. Wir stellen uns nun vor, diese ganzen oberflächlichen Verdummungsschriften wären lahmende Pferde, und besorgen uns ein Bolzenschussgerät. Und wenn wir schon mal bei der wunderbaren Fantasie sind. Dann denken wir uns noch eine schmuddelig-schöne Straße im Paris der fünfziger Jahre mit einem Pferdemetzger neben dem anderen und ihren köstlichen Erzeugnissen. Diese Szenerie versetzen wir kurzerhand in die Frankfurter Messehallen, dorthin, wo heute jene stehen, die den Messegästen ihren Essmüll zu Beutelschneiderpreisen feilbieten. Und siehe da, schon haben wir gleich zwei Ärgernisse mit einer Maßnahme beseitigt. So rufe ich also inbrünstig und feierlich aus: Bücher zu Cabarossi!

Oktober 2014

Paradies für Haie

Eigentlich ist es ja ein ganz normaler Vorgang, dass jedes Lebewesen das tut, was es für richtig hält. Das rührt von diversen Urinstinkten her, die tief in den Genen stecken und schlicht der Ernährung und der Fortpflanzung dienen, sprich dem Bestand der eigenen Art. Dass solche Verhaltensweisen mittlerweile längst überholt sind, lässt sich den Instinkten schwerlich näherbringen.

Nehmen wir doch mal die Katzen. Sie jagen weiterhin putzige Singvögel, obwohl daheim ein Napf steht, prall gefüllt mit bestem Katzenfutter. In Gegenden wie dem Frankfurter Nordend besteht dieses sogar aus Biofleisch, teurer als so manches, das die Menschen für sich selber kaufen. Doch selbst das ist der Katze egal. Aber trägt sie deswegen Schuld? Wohl kaum. Wie soll sie wissen, dass die Vögel in ihrer Art bedroht sind? Ihr ist sogar dann kein Vorwurf zu machen, wenn sie einem Rotkehlchen die Flügel durchbeißt, um mittels des nun unbeholfen flatternden Tierchens ihrem Nachwuchs das Jagen beizubringen. Doch auch mit dem Kehlchen ist es so eine Sache. Unverdrossen zupft es Regenwürmer aus dem Boden, hackt sie in Stücke und verfüttert sie an seine Kleinen. Niemand vermag ihm beizubringen, dass die Würmer das Erdreich lockern und mit ihrem Kot sogar noch düngen. Es würde ihm auch reichlich egal sein. Weiterer Beispiele sind da viele. So der Igel. Ein munterer Geselle. Doch er schreckt nicht davor zurück, dass aus seinem lecker Frühstücksei eigentlich einmal ein Erlenzeisig werden sollte. Und der Hai? Er frisst Delfine, weil er nicht weiß, dass es keine Thunfische sind. Woher auch. Sie tragen schließlich kein Nachhaltigkeitssiegel. Er merkt es höchstens am Geschmack, doch dann ist es zu spät. Außerdem sollen auch Delfine recht gut munden, munkelt man in Haikreisen.

Man kann es drehen und wenden wie man will: Alle sind sie frei von Schuld. Und wie so häufig lassen sich Verhaltensweisen aus dem Tierreich auf die von uns Menschen übertragen. So gibt es zum Beispiel Zeitgenossen, die behaupten, Frankfurt sei ein Mieterparadies mit einer breiten Auswahl an Wohnraum zu fast jedem Preis. Gesagt hat dies laut FAZ ein Herr Steffen Sebastian, seines Zeichens Professor für Immobilienfinanzierung. Aus seiner Sicht hat er recht. Was soll er auch anderes behaupten? Der Mann lebt Immobilien. So, wie andere malen, singen oder dichten, ist er dem Erhalt der Haus- und Wohnungshändlerei verpflichtet. Er erzielte wahrscheinlich schon als Kind hohe Renditen mit dem Verkauf von Sandburgen. Was soll er da anderes sagen als so etwas? Aus der Sicht solcher Leute werden Menschen nicht aus Wohnungen vertrieben, sondern umgesiedelt. So wird Mehrwert geschaffen, das ist wichtiger. Anlass für die Aussage des Professors war übrigens die in Hessen beschlossene Mietpreisbremse.

Laut Vertretern der Immo-Branche sei dies fatal für den Wohnungsmarkt, da es dadurch künftig immer weniger Mietwohnungen gebe und mehr eigengenutzte. Und siehe: Auch das stimmt. Aus ihrer Sicht. Sie wissen nämlich, dass Spekulanten den Hals nicht voll genug kriegen und sich nicht mit den Gegebenheiten der Preisbremse abfinden werden. Doch wer soll ihnen beibringen, dass solche Verhaltensweisen mittlerweile längst überholt sein sollten?

Oktober 2014

Großmäuler mit Flügeln

Eigentlich wundert einen ja schon lange gar nichts mehr, wenn man irgendwas schier Unglaubliches aus den USA hört. Es scheint in der Tat das Land der unbegrenzten Möglichkeiten zu sein, wenn auch häufig der unbegrenzten Absonderlichkeiten, oder auch Bescheuertheiten. Wo man Cola aus Ein-Liter-Bechern trinkt, beim Essen die Kappe auf dem Kopf behält und zudem bewaffnet ist, kann einen nichts mehr überraschen. Und doch schaffen sie es immer wieder, uns ungläubig den Kopf schütteln zu lassen. So unlängst, als mal wieder einer dieser Gerichtsprozesse anstand, wie es sie nur dort geben kann. Ein Mann hatte dem Red-Bull-Konzern mit einer Klage gedroht, da er verwundert festgestellt hatte, dass die österreichische Limonade ihm weder Flügel verlieh noch durch einen höheren Koffeingehalt als Kaffee anderweitig auf die Sprünge half.

Der Sprudel hatte also auf der ganzen Linie versagt, obwohl er gerade dies dem Manne in der Werbung verhießen hatte. Also auf zum Kadi. Das Ganze endete wie gewohnt gigantomanisch, wenn auch außergerichtlich. Red Bull öffnete die Kaffeekasse und ließ 13 Millionen Dollar springen. Nun kann jeder, der zwischen den Jahren 2012 und 2014 nachweislich eine der Ösi-Limos getrunken hat und keinen Wingenwuchs an sich beobachten konnte, eine Entschädigung beantragen. Die 13 Millionen werden dann unter allen Nichtflüglern verteilt.

Klar, eine der üblichen Ami-Geschichten. Kann es nur dort geben. Wirklich? Und warum nicht bei uns? Weil wir uns – anders als die Amis – nicht so schnell Illusionen hingeben und dem ganzen Werbequatsch keinen Glauben schenken? Weil wir wissen, dass wir nicht »heute ein König« sind, wenn wir ein bestimmtes Bier trinken? Dass eine Süßspeise eben nicht »so wertvoll wie ein kleines Steak« sein kann, und dass in einen handelsüblichen Autotank kein Tiger passt? Eben weil wir mündiger sind und aufgeklärter? Pustekuchen!

Bei uns preisen Sterneköche in stundenlangen Brutzelsendungen die Segnungen der saisonalen und regionalen Küche – und machen zur gleichen Zeit in einem anderen Programm billige Reklame für irgendein für den menschlichen Verzehr nur mäßig geeignetes Industrieprodukt. Da werden sogenannte »Hühnersuppen« verkauft, in denen sich statt richtigem Geflügel schlicht ein spärliches Prozent billiges Hühnerfett befindet, wie der Verbraucherschutzverein »Foodwatch« unlängst anprangerte. Und als leichter, moderner Snack gepriesene Milchschnitten enthielten mehr Fett als die feisten Sahnetorten unserer Großmütter. Diese Liste ließe sich endlos fortführen, und zwar nicht nur mit irreführend beworbenen Nahrungsmitteln, sondern mit so gut wie allen Erzeugnissen für den täglichen Gebrauch. Man denke nur einmal an die berühmten »Finanzprodukte« mit »sicheren Renditen«, mit denen nach wie vor gutgläubigen Sparern das Säckel geleert wird.

Die Moral von der Geschicht'? Natürlich keine. Höchstens eine Erkenntnis. Unsere Hochhäuser und unsere Einkaufswagen sind kleiner als jene in den USA, unsere Getränkebecher ebenso. Und – obwohl Red Bull auch hierzulande angeblich Flügel verleiht – ist bei uns die Werbung im Allgemeinen weniger großmäulig, sondern leiser, subtiler und kleiner. Und unter Umständen sogar gemeiner.

Oktober 2014

Junge Schussel mit kleinen Telefonen

Eigentlich gab es ja schon immer Abwesende. Streng genommen waren seit je her viel mehr Menschen weg als da. Das muss nicht schlimm sein. Oft reicht sogar schon ein einziger, einen auf die Palme zu bringen. Aber das ist eher ein philosophisches Thema und hier nicht zu erörtern. Interessanter sind da schon jene, die zwar anwesend sind, aber dennoch nicht zugegen. Gemeint sind so gut wie alle unter 23 Jahren. Jene nämlich stieren quasi ständig auf ihr Smartphone, egal, wo sie gerade gehen oder stehen. Das besagt zumindest eine Studie der Uni Bonn, wie der *Spiegel* gerade schrieb. Durchschnittlich alle siebeneinhalb Minuten schalteten nämlich junge Deutsche ihr Telefonino an und glotzten mehr oder minder geistesabwesend hinein.

Um den Wahrheitsgehalt dieser Untersuchung zu überprüfen, muss man nicht lange forschen. Man begebe sich einfach auf die Straße und sehe sich um. Jugendliche ohne Handy fallen einem schon regelrecht auf. So saß ich unlängst mit einer Bekannten in einem Straßencafé, als ein vielleicht Sechzehnjähriger daherkam und freundlich fragte: »Entschuldigen Sie, können Sie mir sagen, wie spät es ist?« Wir gaben Auskunft, der Junge bedankte sich höflich, ging seines Wegs und hinterließ uns irgendwie befremdet. Erst Minuten später schüttelte sich die Bekannte, blickte mich ungläubig an und sagte: »Haste das gemerkt? Der hat kein Handy!«

Die Jugend kann also nicht mehr ohne Smartphone. Das bräuchte uns Erwachsene nicht weiter zu scheren, die Jugend hatte schließlich schon immer ihren eigenen Kopf. Doch früher verrenkte sie sich höchstens die Gräten beim Jive-Tanz oder die Gehirnzellen beim Kiffen. Noch nie in der Geschichte der Menschheit aber tapste sie, im postpubertären Delirium immerzu auf ein kleines Ding starrend, vor Züge, Straßenbahnen, Autos und Fahrräder und brach sich dabei Hals und Bein. In der Schweiz nennt man diese Tollpatschigkeit eidgenössisch vornehm »Ablenkung« und erforschte, dass diese bereits Ursache jedes dritten tödlichen Unfalls sei. Mit steigender Tendenz. Das wird also zum ernsten Problem, das erkennen mittlerweile nicht nur Unfallforscher. Zum einen sind Unfälle mit Personenschaden nie schön, zum andern sorgen sich Soziologen bereits um die Sicherheit der sowieso nicht mehr sicheren Rente. Was also tun?

Laut *Spiegel* wird in anderen Ländern bereits so allerhand probiert. In den USA kostet Handyglotzen eine hohe Strafe, in London umwickelt man Laternenmasten mit Dämmmaterial, damit die jungen Schussel sich nicht wehtun, wenn sie dagegenknallen. In China baut man gar schon Fußgängerüberwege nur für Smartphonemenschen. Aber das kann nicht der Weg sein. Das muss anders funktionieren. Vorschreiben kann man da nämlich gar nichts. Es muss von innen heraus geschehen. So wie es plötzlich nicht mehr in ist, bei Facebook zu sein. So wie ein leiser Trend weg vom Fast-Food hin zu gesunder Ernährung zu beobachten ist. Von mir aus – wenn's hilft – auch zum Veganismus. So ähnlich müsste dies auch beim Smartphone-Glotzen gehen. Dass es irgendwann still und leise und quasi über Nacht plötzlich irgendwie als cool gilt, miteinander in ganzen, zusammenhängenden Sätzen zu reden und sich dabei anzusehen. Vielleicht sogar in die Augen.

Oktober 2014

Plumps, tot, weg

Eigentlich ist uns ja schon das Bestreben in die Wiege gelegt, nicht länger als nötig im Zustand der unansehnlich runzligen Winzigkeit zu verweilen. Also zieht es uns instinktiv schon nach wenigen Atemzügen an Mutters Brust, auf dass wir stattlich und hochgeschossen werden. Recht schnell erkennen wir, dass uns die süße Milch nicht mehr weiterbringt, also widmen wir uns fortan nach einem Umweg über geraspelte Äpfel, Zwieback und Haferbrei lieber Schnitzeln, Braten und dicken Klößen. Von der Mutterbrust zur Kalbsbrust.

So werden wir immer größer, breiter und kräftiger. Dann, so im 19. oder 20. Lebensjahr, gelten wir als ausgewachsen. Ob wir dann auch erwachsen sind, soll hier nicht näher erörtert werden. Denn so manchen ist dieses Attribut auch nach vielen Jahrzehnten immer noch nicht zuzuschreiben, bei anderen entwickelt sich dieser Prozess sogar wieder rückwärts. Doch, wie gesagt, das ist ein anderes Thema.

Allen gemein ist, dass sie ab einem gewissen Punkt aufhören zu wachsen. Das gilt nicht nur für uns Menschen. Kein Viech der Welt, auch keine Blume und keine Pflanze, wächst unaufhörlich. Manche bilden wohl Ableger, aber sie selbst wachsen nicht mehr. Es ist also ein durch und durch natürlicher Vorgang, der gewiss auch etwas mit Vernunft zu tun hat. Wüchsen wir ins Unendliche, passten wir zuerst nicht mehr in unsere Lieblingsjeans, später nicht mehr durch unsere Türen, irgendwann schließlich würden wir nicht mehr atmen können, weil da oben zu wenig Sauerstoff in der Luft ist. Die Folge: Plumps, tot, weg. Das geht schneller, als man ahnt.

Wenn Sie nun denken, ich würde diese Erkenntnis auch auf

die Wirtschaft übertragen wollen, dann haben Sie recht. Nehmen wir doch nur einmal die Fraport AG, die Betreiber des Frankfurter Flughafens. Jeder einigermaßen vernünftig denkende Mensch im Großraum Rhein-Main stellt sich die Frage: Brauchen wir tatsächlich ein weiteres Terminal? Logo, sagt da die Fraport, denn das Fluggastaufkommen steige pro Jahr um etwa drei Prozent. Gegenfrage: Muss das weiterhin so sein? Kann man da nicht gegensteuern? Jeder Mensch versteht doch, dass er nicht mehr ins Kino kommt, wenn alle Plätze belegt sind. Kann man ihm da nicht näherbringen, dass er zu dem und dem Termin nicht fliegen kann, weil da der Flughafen voll ist? Und dass er doch an einem anderen Tag verreisen soll? Ist logistisch unmöglich, mag da Fraport entgegnen. Aber wenn in Island ein Vulkan ausbricht, oder wenn die Piloten streiken, geht es doch auch! Da verkehren halt weniger Flugzeuge, und die Welt dreht sich dennoch weiter.

Blauäugig? Nö. Es ist schlicht ohne vordergründiges Profitstreben gedacht. Zudem denken viele so, außer den Entscheidungsträgern. Und viele denken noch weiter. Die neue Landebahn Nordwest würde dann vielleicht rückwirkend überflüssig werden. Man könnte sie schließen und renaturieren. Wie das geht, das könnte man sich ausnahmsweise bei den Berlinern abgucken. Die wissen, wie man aus einem Flughafen ein Naherholungsgebiet macht. Das haben sie in Tempelhof bewiesen, und das können sie bald bei ihrer Neubauruine auch tun. Denn auch der Flughafen BER gilt seit Jahren als unverzichtbar – und dennoch braucht ihn offensichtlich kein Mensch.

November 2014

Schdolz

Eigentlich ist ein Jubiläum ja meistens erstmals ein Grund zur Freude. Geburtstage zum Beispiel verschaffen dem Betroffenen Geschenke, Lobpreisung und allerlei weitere Huldigungen wie Küsse, Kosungen und Krümelkuchen. Dies, obwohl niemand an der eigenen Niederkunft auch nur einen winzigsten Verdienst nachzuweisen vermag. Man plumpst heraus, brüllt und nässt und fällt den Eltern auf die Nerven. Dennoch gilt dies in vielen Kulturkreisen als Leistung, die es alljährlich aufs Neue zu feiern gilt.

Auch andere eher fragwürdige Leistungen gelten als freudig, sobald sich deren erstmalige Erbringung jährt. Wenn wir zum Beispiel eine Ehe soundsoviele Jahre erduldet haben, eine Mitgliedschaft in der Gewerkschaft, im Karnickelzucht- oder im Jodelverein. Beim ADAC wird man sogar hoch dekoriert, wenn man für eine gewisse Zeit ein Auto angemeldet hat, ohne damit einen Schaden zu verursachen. Offiziell heißt dies »unfallfreies Fahren«, überprüft wird aber nicht, ob der Wagen die ganze Zeit in der Garage stand. Bei Ehen hingegen zählt schlicht die Dauer des Miteinanders; die Anzahl der Kollisionen bleibt ohne Wertung.

Wir sind also ein Volk der Jubiläumsfeierer. Man blicke nur montags in eine x-beliebige Lokalzeitung. Mindestens fünf Fotos sind dort zu sehen, vollgestopft mit pausbäckig grinsend und rotäugig in die Kamera glotzenden Vereinsmitgliedern, denen man kurz zuvor eine Medaille an den Wanst geheftet hat. Manche finden so was fürchterlich, Psychologen sprechen hingegen von »Ritualen« und »Strukturen«, die wichtig seien für das eigene kleine Dasein. Nun denn.

So gesehen musste man wohl auch das in Kauf nehmen,

was in den vergangenen Tagen, vor allem am Sonntag, auf uns herniederprasselte. 9. November. Der 25. Jahrestag des Mauerfalls. Seit Wochen schon versuchten uns Politiker und gewisse Medien in Feierlaune zu versetzen, und nun wurde drei Tage gute Laune aus Berlin auf uns eingesendet, dass wir irgendwann sogar nicht mehr die Kraft aufbrachten, an der Fernbedienung auf den »Aus«-Knopf zu drücken. Was ham wa jefeiert! Freudetrunkene Heilbronner schwäbelten etwas von »Schdolz« in die Mikros, während Angela Merkel und Schmalspur-McCarthy Joachim Gauck versuchten, das Deutschlandlied mitzusingen. Das jedoch wurde von zwei Absolventen der Berliner »Hochschule für Musik Hanns Eisler« so angenehm verfremdet dargeboten, dass Angie und Jockel partout nicht die richtigen Töne finden konnten. Das war aber auch der einzige Spaß bei der Sache.

Nun, zwei Tage nach der großen Sause, kehrt wieder Alltag ein. Und mit ihm die Erkenntnis, dass wir noch immer nicht »ein Volk« sind. Nach wie vor verdienen Arbeitnehmer im Osten bis zu 33 Prozent weniger als ihre Kollegen im Westen. Es gibt drüben doppelt so viele Hartz-IV-Empfänger als hüben, bei den Arbeitslosen ist das Verhältnis ähnlich. Nur bei einem gleichen Alt- und Neuländer sich an: Bürgerkriegsähnliche Zustände wie 1992 in Rostock-Lichtenhagen, die kriegen wir so langsam auch bei uns hin. Damals waren es im Osten Nazis gegen Vietnamesen, heute sind es im Westen Nazis gegen Salafisten. Von einer völkerverbindenden Errungenschaft wie der AfD mal ganz zu schweigen. Aber ob uns das alles wirklich »schdolz« machen kann?

November 2014

Mit Punkten punkten

Eigentlich ist ja die Vorspiegelung falscher Tatsachen so ziemlich jedem Lebewesen in die Wiege gelegt. Manchmal geschieht dies durch grobe Untertreibung, die aber nicht selten in der Vorgabe gänzlicher Nicht-Existenz gipfelt. So treiben dies so manche Viecher bis hin zur Unsichtbarkeit, wie zum Beispiel der Laubfrosch, der, um seinen Häschern nicht aufzufallen, die Farbe verwelkten Blattwerks annimmt. Ausgefeilter gehen manche Fische vor, die ihre Farbe dem Meeresgrund oder der Korallenpracht anpassen und sogar in Windeseile zu changieren in der Lage sind. König dieser Disziplin ist bekanntlich das Chamäleon. Sie alle tun dies, um nicht gefressen zu werden. Andere passen sich ihrer Umgebung an, um von der potentiellen Beute nicht allzu früh erkannt zu werden und so möglichst nah an sie heranzukommen. So sind Löwen savannenfarben, Eisbären weiß und Jäger lodengrün. Virtuosen wie der Tiger arbeiten gar mit Streifen, der Leopard versucht mit Punkten zu punkten. So viel zum Thema Nahrung sein und Nahrung suchen.

Schier wichtiger als dies scheint der Erhalt der eigenen Art zu sein. Dort, nämlich bei Balz und Partnersuche, geht es jedenfalls wesentlich prunkvoller und farbenfreudiger zu. Da ist jedes Mittel recht. Unlängst las ich gar von einem Vogel, der sich möglichst viele bunte Kronkorken ins Nest legt, um das umgarnte Weibchen zu beeindrucken. Mit einer umfangreichen Sammlung ausgetrunkener Bierflaschen können wir Menschen hingegen nur in wenigen, eng umrissenen Gesellschaftsschichten Eindruck auf die holde Weiblichkeit machen. Doch auch wir lieben es schillernd und protzig und versuchen unser äußeres Bild so einzurichten, damit wir möglichst edel und wohlhabend erscheinen. Understatement wird da nur selten kultiviert.

Das beginnt ja schon in recht früher Kindheit. So wollen schon Grundschüler, durch Werbung und Gruppenzwang beeinflusst, unbedingt Turnschlappen, T-Shirts und tragbare Telefone bestimmter Edelmarken besitzen, damit sie von Mitschülern nicht als schäbig oder minderwertig empfunden werden. Das zieht sich gerade so weiter durch die diversen Altersschichten, mitten rein ins Berufsleben.

Man nehme nur einmal die Gastronomen. »Wer nichts wird, wird Wirt« hat man früher einmal gesagt. Jedenfalls scheint es in diesem Metier immer wichtiger zu werden, eine monströse Homepage zu haben, einen knalligen Namen und möglichst viele, dem aktuellen Trend entsprechende Gerichte – wichtiger jedenfalls als einen Koch, der sein Handwerk auch nur annähernd versteht. Und es wird immer verrückter. Da war man eben noch bio, ist dann regional, dann mal veggie oder versteift sich auf »ethical food« oder Luxusfrittenbuden, um über dem veganen Umweg beim letzten Hype zu landen, dem Steinzeitfressen, auf gut Berlinerisch »Paleo« genannt. Und ich werde das Gefühl nicht los, dass sich die Qualität zusehends verschlimmert. Jedenfalls werden in keiner Branche, ausgenommen vielleicht die Immobilienmaklerei, mit so wenig Sachkenntnis so dicke Backen gemacht.

Ein schlechtes Essen ist ein schlechtes Essen ist ein schlechtes Essen. Egal, wie es heißt. Da helfen weder flottes Design noch neudeutsche Namen. Vorschlag meinerseits: Einfach das Küchenpersonal besser bezahlen als die PR-Berater.

November 2014

Höchste Instanz im Land

Eigentlich ist ja alles in Butter in diesem, unserem Lande. Zumindest theoretisch. Wir haben eine feine Verfassung, und wir verfügen über ein allseits gelobtes Grundgesetz, welches die Spielordnung unseres Miteinanders bestimmen soll. Es regelt so einiges, so auch die Teilung der Staatsgewalten. Sie nämlich sollen laut Artikel 20 »durch besondere Organe der Gesetzgebung, der vollziehenden Gewalt und der Rechtsprechung ausgeübt« werden. Der Volksmund sagt dazu Legislative, Exekutive und Judikative. Das ist auf dem Papier so, und klar, überall wo Menschen werkeln, da menschelt es auch. Also ist es nicht weiter verwunderlich, dass die Umsetzung des grundgesetzlich Vorgegebenen gelegentlich etwas ins Eiern gerät. In der Legislative kennt man das von Politikern, die hie und da mal leicht vom Weg abweichen und deswegen prompt vom Volke mit Liebesentzug gestraft werden, umgangssprachlich auch »Politikverdrossenheit« genannt.

Die Exekutive hat es traditionell schwer, gemocht zu werden. Sie nämlich muss das wieder ausbaden, was die Legislative verbaselt hat, und tut dies nicht selten mit Schlagstock, Pfefferspray und Wasserwerfern. Da bleibt kein Auge trocken. Schließlich die Judikative. Sie suhlt seit jeher in Selbstgefälligkeit, denn wohl durch eine Nachlässigkeit bei der Schaffung des Grundgesetztes wurde vergessen, ihr eine Kontrollinstanz zukommen zu lassen. Die beiden anderen Gewalten haben eine solche zu fürchten, sie jedoch hat auf sich selbst zu achten, was natürlich jahrzehntelang eine kommode Situation war. Wo kein Kläger, da kein kontrollierter Richter.

Sie staunen nun über das »war«? Ja, »war«. Seit vergangener Woche nämlich wissen wir, dass sich die Judikative durchaus gegenüber einer höheren Instanz zu verantworten hat: der Kirche. Da dies sogar das Bundesverfassungsgericht schwarz auf weiß bestätigt hat, können wir getrost feststellen, was viele von uns schon seit Langem geahnt, getuschelt oder hinterhältig in Kolumnen versteckt gehalten haben: Die Kirche ist die höchste Instanz in unserem Land.

Der Hintergrund: Die Karlsruher Richter gaben einem katholischen Krankenhaus recht, das einem Arzt kündigte, weil der zum zweiten Mal geheiratet hatte. Klartext: Sofern sie sich auf »Wahrung von Sitte und Moral« berufen, dürfen die Kirchen treiben, was sie wollen. Was heißt dies in der Praxis? Theoretisch dürfen nun Kirchen bei Bewerbungsgesprächen nach sexueller Orientierung fragen, gar nach Vorlieben wie Oral- oder Analverkehr oder auch dem Masturbationsverhalten des Probanden. Ergo: Schwule, Lesben, Mundmacher, Swinger und Einhandsegler entsprechen nicht den Moralkriterien des potentiellen Arbeitsgebers und haben keine Chance auf einen Job. Vollkommen unabhängig von ihrer Qualifikation.

Ein international anerkannter Spitzenchirurg in zweiter Ehe hat also das Nachsehen gegenüber einem stümperhaften Schnippler aus der Provinz in erster Ehe. Die Äußerung des Kölner Kardinals Rainer Maria Woelki, man werde »weiterhin verantwortlich mit dieser Freiheit umgehen« klingt in diesem Kontext eher wie eine Drohung. Und auch wenn ich nun womöglich wieder mit harscher Kritik gesteinigt werde: Da beschimpfe nun noch mal einer andere Länder als Gottesstaaten!

November 2014

Vom Mehr

Eigentlich mag ich ihn ja nicht besonders. Spießig kommt er daher, belehrend, betulich, mit dieser eher hellen, glucksenden Stimme. Und er ist einer jener Vorzeigeschwiegersöhne, die ich sowieso gefressen habe. Einer, den auch die verbiestertste schwäbische Hausfrau unaufhörlich mit Liebe und Maultaschen vollstopft, wenn er ihrer Tochter den Hof macht. Außerdem hat er Medizin studiert und trägt den Doktor- nebst seinem Adelstitel wie eine Monstranz vor sich her. Ich sage jetzt nicht, wen ich meine, sonst wird Eckart von Hirschhausen womöglich ungehalten. Doch nicht alles an ihm ist schlecht. Dann und wann nämlich entfährt dem Manne etwas Schlaues. Es ist womöglich nicht von ihm, sondern beruht vielleicht auf einer alten chinesischen oder arabischen Weisheit. Egal. Gut gefunden ist auch gut.

So soll er unlängst gesagt haben: »Was ist der Unterschied zwischen einem Mann, der sieben Kinder hat, und einem Mann, der sieben Millionen Euro hat? Der mit den sieben Millionen Euro will mehr.« Ein wahrer Satz. So sind sie nämlich, die Raffzähne, denkt man sofort und hat sogleich Figuren aus der Finanz- oder Immobilienbranche vor dem geistigen Auge. So weit muss man aber gar nicht gehen. Wir können auch bei uns bleiben. Viele von uns wollen nämlich schon mehr, obwohl sie noch gar nichts haben. Wie das geht? Im Lotto. Viele von uns spielen. Mindestens einmal die Woche. Doch sobald sich im Jackpot vierzig Millionen befinden, rennen zehnmal so viele zur Annahmestelle. Sie können also schon im Vorhinein den Hals nicht voll genug kriegen. Und wie gerne wird geschimpft auf Lumpen wie jene in Großbanken, an der Börse oder im Waffenhandel. Wie skrupellos die doch angeblich seien. Doch dann trägt man seine eigenen paar Kröten genau dorthin, auf dass sie fruchtbar seien und sich vermehrten. Wer ist denn da nun der Lump?

Ähnlich bei »den Politikern«. Was wird nicht alles über die gewettert. Schmierig seien die, geldgeil, profil- und charakterlos, »die da oben«. Als gehörten die einer Kaste obendrüber an, die man selbst bestenfalls im nächsten Leben mal erklimmen kann. Dabei wird vergessen: Es sind Volksvertreter. Leute aus unserer Mitte, von uns gewählt. Wir merken dies, sobald wir einen »von denen« mal zufällig in unserem persönlichen Umfeld treffen. In der Kneipe etwa. Wir sehen, dass er schwitzt, pinkeln geht, Bier trinkt, Bockwurst isst. Und tags drauf sagen wir unseren Freunden: »Der war ganz normal. Ein Mensch wie du und ich.«

Politiker sind also ganz normale Menschen mit ganz normalen Verhaltensweisen. Also tun sie auch ganz normale Dinge. Und sie tun das, was wir alle täten an ihrer Stelle. Sobald sie gewählt sind, schlüpfen sie in feines Tuch und fressen Hummer und Austern. Womöglich hinterziehen sie dann Steuern, indem sie Gelder im Ausland anlegen, sie gucken sich Bilder von nackten Jungs an, sie besorgen sich Crystal Meth und nehmen es, und sie besuchen edle Bordelle auf des Steuerzahlers Kosten. Im Grunde ist dies beruhigend und ein gutes Zeichen. Wenn unsere Repräsentanten sind wie wir, dann sagt uns das, dass unsere Demokratie funktioniert. Und wenn wir wollen, dass unsere Politiker sich ändern, dann müssen erst mal wir uns ändern. So einfach ist das.

Januar 2015

Finktul pöftel Lügenpresse

Eigentlich habe ich meinem Vater viel zu verdanken. So lehrte er mich die alte Pfälzer Weisheit »Sauf dich nicht mehr als voll«, die schmackhafte Zubereitung von Kalbshirn sowie das Fangen von Bachforellen mit bloßer Hand. Außerdem ließen lange Gespräche mit ihm grundsätzliche Überzeugungen in mir reifen, die heute noch Bestand haben. Etwa, dass Religionen gleich welcher Art menschenverachtender Humbug sind und durchaus mit organisierter Kriminalität gleichzusetzen. Oder, dass mir lieber die Hand abfallen solle, bevor ich eine Waffe anfasse. So habe ich es immer gehalten, und noch heute meide ich selbst Schießbuden auf dem Rummelplatz.

Ersatzweise legte mein Vater mir ein anderes Mittel der Verteidigung ans Herz. Oder auch des Angriffs, wie man's nimmt. »Michael«, sage er einmal, »du kannst mit allen Menschen reden«. Diese Erkenntnis sollte mir im Laufe meines Daseins am meisten bringen. Ich merkte, dass sie für alle Lebenslagen gilt, selbst auf dem Fußballplatz. Ich war so 12, 13 Jahre alt, spielte beim FK Pirmasens, und wir mussten auswärts zum FC Ruppertsweiler. Die galten als Treter, und das waren sie auch. Besonders mein Gegenspieler, ein rothaariger Rechtsaußen mit dem IQ einer groben Bratwurst. Der Kerl war so strunzdumm, dass ihm mit fußballerischen Mitteln nicht beizukommen war. Ich wollte und konnte seinem brutalen Spiel nicht mit brutalem Spiel begegnen, also folgte ich einer plötzlichen Intuition und flüsterte ihm bei passender Gelegenheit einen Satz ins Ohr. Etwa »Frarohl endem häcksel mumpf«. Und dann einfach nur »Treptinoooll!«. Der Dummkopf glotzte mich entgeistert an und zischte: »Du spinnst ja.« Er beschwerte sich beim Schiedsrichter, konnte mir ja aber schwerlich vorwerfen, ich habe »Treptinoool« zu ihm gesagt. Oder »mumpf«. Fortan kickte er wirr und verstört; wir gewannen das Spiel knapp mit 1:0.

Dass ich mit meinen vermeintlich sinnlosen Sätzen in die Fußstapfen des in Pirmasens geborenen Dadaisten Hugo Ball getreten war, wusste ich seinerzeit natürlich nicht. Genaugenommen fiel es mir erst eben beim Schreiben dieser Zeilen ein. Scheint irgendwie in den Genen zu liegen. Erst recht wusste ich damals nicht, dass der Dadaismus einst entstand, um sich Gehör zu verschaffen, wo man sonst nicht gehört wurde. Um sich aufzulehnen gegen Verkrustungen und Eingefahrenheiten. Oder wo kein Dialog entstehen kann, weil das Gegenüber stur und stumpf ist. Das ist nun etwa hundert Jahre her, und es war immer gültig, und es ist immer wieder gültig.

Zum Beispiel jetzt. Es ist wieder die Zeit zu erkennen, dass es müßig ist, Schwachköpfe Schwachköpfe zu schimpfen. Und auch das Gespräch suchen ist Kokolores. Wie mit Wänden reden. Stattdessen ist Unsinnigem mit Sinnlosem zu begegnen. Also gehet hin und lachet und albert. Tanzt, geigt, singt, trällert, furzt kunst, tanzt seil, hüpft sack, schnappt wurst, knaddelt, daddelt, prustet, dollt und lustet. Und Euch allen, die Ihr Euch in Eurer geballten Verbohrtheit Namen gebt, die auf »ida« enden, Euch rufe ich zu: »Finktul, pöftel umpf, rht, reslbagnetfulimmi, knobol rrrrrrreef akutlöftgnft, sboodt kölölölöl kl kl kl kl kl kl kl altttreftl, somolpüpüfff«! So. Und nun sagt noch mal was von wegen »Lügenpresse«.

Januar 2015

Böller, Eier, Steine

Eigentlich müsste man über dieses Thema keine Silbe verlieren. Gewalt ist immer abzulehnen, Aggressivität ist hässlich und Wut ein schlechter Ratgeber. Erst recht gilt dies, wenn nicht ein Einzelner gewalttätig ist, aggressiv oder wütend, sondern eine Menge Menschen. Denn die schaukeln sich dann gegenseitig hoch, stacheln sich an, geraten kollektiv in Rage. Wer könnte davon ein furchtbareres Lied singen als wir Deutschen. Kein Volk der Welt weiß besser als wir, wie schnell aus einigen ideologischen Wirrköpfen ein rasender Mob werden kann, der nicht mehr denkt, nicht mehr abwägt, nicht mehr nachsieht, sondern hasst, verfolgt und tötet.

Aufgrund dieser Lehre aus unserer Geschichte ist es unsere immerwährende Pflicht, die nachkommenden Generationen zu informieren und zu mahnen. Sorgsam bedächtig wurde dies in den vergangenen Wochen getan, als sich die Befreiung des Vernichtungslagers Auschwitz zum 70. Mal jährte. Auf allen ernstzunehmenden Kanälen wurden Dokumentationen gezeigt, die das Grauen so zeigten, wie es in einem Filmbericht nur möglich ist. Die Realität war weitaus schlimmer. Doch trotz aller Versuche, trotz Klassenfahrten an die Orte des Schreckens, trotz politischer Bildung an den Schulen, trotz alledem verblasst die Erinnerung in den Köpfen der Jugend immer mehr.

Das ist einerseits gut, wenn junge Deutsche ohne Schuldgefühle jungen Franzosen, Engländern oder gar Israelis begegnen können. Doch andererseits? Es ist schließlich erst sieben Jahrzehnte her, dass uns schlagartig der rechte Arm herunterfiel und keiner von uns etwas gesehen, geschweige denn an etwas Schuld getragen haben wollte. Und kann sich das Ganze nicht von heute auf morgen wiederholen? Wer hätte 1932 gedacht, wie schnell alles kommen kann?

Umso mehr tut es gut, Menschen zu erleben, denen nicht alles egal ist. Gerade in Zeiten, wo Fremdenhass, Islamophobie und Antisemitismus immer mehr aufkommen. Menschen, die auf die Straße gehen, zu Demonstrationen, so wie dieser Tage gegen Pegida. Dass diese sich am äußersten rechten Rand suhlt, muss hier ja wohl nicht mehr näher erläutert werden. Dagegen wenden sich Menschen, die nachdenken. Die besorgt sind, gar beängstigt. Die einen gehen zu großen Kundgebungen, andere direkt dorthin, wo die Pegida-Leute sich treffen. Ihnen ist es zu wenig, nur durch ihre pure Anwesenheit ihren Protest zu zeigen. Sie wollen die direkte Konfrontation. Wollen die sehen, die ihnen Angst machen. Und dass ihre Furcht in Wut umschlägt, in traurige Wut, dass sie diese hinausschreien, wer soll ihnen das verdenken? Es sind viele ältere Menschen, aber auch sehr viele sehr junge. Unter zwanzig. Einige werfen Böller, Eier, Steine. Das ist nicht richtig. Das ist zu verurteilen. Doch ihre Wut, sie ist zu verstehen. Sie entstammt einem Unverständnis, einer Fassungslosigkeit, einer Ohnmacht gegenüber tumbem, durch nichts zu rechtfertigendem Menschenhass, dem mit Argumenten nicht mehr beizukommen ist. Und der Angst, es könnte wieder losgehen.

Wer weiß, womöglich wäre der Welt viel Unheil erspart geblieben, hätten sich 1933 möglichst viele Menschen, vermeintlich undemokratisch schreiend, denen widersetzt, die da an die Macht strebten.

Februar 2015

Du sollst keine anderen Emmentaler neben mir haben

Eigentlich bin ich ja ein ziemlich toleranter Mensch. Von mir aus dürfen alle dürfen, was sie wollen. In dieser Geisteshaltung bin ich so tolerant, dass es manchmal sogar schmerzt. Zum Beispiel, wenn ich Männer in kurzen Hosen und Sandalen sehe. Oder Menschen, die ihren halben Kopf in ein türkisches Fladenbrot mit quaddeliger Knoblauchsoße und notdürftig erhitztem Putenpressfleisch tunken und dabei auch noch sprechen. Oder überhaupt Menschen, die beim Essen reden. Oder solche, die hupend und grölend durch die Stadt rasen, nur weil irgendwer gegen irgendwen ein Fußballspiel gewonnen hat. Aber all das soll es geben dürfen, auch wenn es meine Nachsicht nachhaltig strapaziert.

Nun bin ich aber ich und kein Anderer. Wenn ich aber nicht ich wäre, sondern zum Beispiel jemand, der viel Verantwortung für viele andere trägt, wäre meine Toleranzschwelle womöglich niedriger. So stellen wir uns doch einmal vor, ich wäre jemand, der Piloten einzustellen hat. Menschen also, von deren Geistesgegenwärtigkeit das Schicksal Hunderter anderer abhängt. Nun stellen wir uns weiter vor, mir gegenüber säße ein Bewerber, der behauptet: »Ich werde gelenkt von einer Instanz über mir. Es ist ein großer Emmentaler mit dem Gesicht von Heinz Rühmann. Er verlangt von mir, dass ich mir täglich um 9, um 17 und um 23 Uhr mit der linken Hand ans rechte Ohrläppchen fasse und dabei ›Aber heidschi bumbeidschi bum bum‹ singe.«

Dann käme der nächste Aspirant. Der behauptet: »Vor tausend Jahren wurde jemand an ein Kreuz genagelt. Er ließ das für mich mit sich geschehen. Er hat für meine Sünden gelitten. Deswegen esse ich immer sonntags ein Stück von seinem Leib und trinke ein Schluck von seinem Blut. Wenn ich das regelmäßig mache, nicht masturbiere und freitags keinen Fisch esse, werde ich nach meinem Tod in den Himmel kommen.« Dann ein weiterer Kandidat: »Eine höhere Instanz verlangt von mir, dass ich nur Fische esse, die Flossen und Schuppen haben. Also keine Aale und keinen Tintenfisch. Außerdem darf ich nur Paarhufer essen und keine Mehlwürmer. Und kein Rahmschnitzel und kein Cordon Bleu, wohl aber ein Wiener Schnitzel oder ein schönes Steak.« Er geht, und ich rufe den vierten möglichen Piloten herein. Dieser sagt: »Mein Leben bestimmt ein Prophet. Er verlangt von mir, dass ich fünfmal am Tag niederknie und in eine bestimmte Himmelsrichtung bestimmte Sätze spreche. Ich muss dies zum Tagesbeginn tun, mittags, nachmittags, nach Sonnenuntergang und zum Tagesende. Vorher muss ich mich aber waschen. Außerdem darf ich manchmal nur essen, wenn es dunkel ist.« Und um barschen Leserbriefen zuvorzukommen, nehme ich noch ein weiteres Bespiel dazu. Ein fünfter Bewerber kommt also herbei und sagt: »Ich liebe das Leben. Ich mag Wein, Weib und Gesang, in Pilotenenglisch sex and drugs and rock'n'roll. Ich mache gerne durch bis morgen früh und singe ›bums fallera, and can get no satisfaction‹. Aber fliegen kann ich wie eine gesengte Sau.«

So. Die Runde ist vorbei. Nun habe ich also die Qual der Wahl. Wenn Sie einen von den fünfen nehmen müssten, wie würden Sie entscheiden? Ich gebe zu, ich wäre etwas ratlos. Aber, ganz ehrlich gesagt: Ich verspüre eine leichte Tendenz zu dem Emmentaler.

Februar 2015

Hiebe und Liebe

Eigentlich kann ich mich ja nicht damit brüsten, mir in meinem bisherigen literarischen Schaffen einen Namen als Exeget gemacht zu haben. Die Erklärung biblischer Aussagen war anderen vorbehalten. Ich werde dies ändern. Beginnen möchte ich aber nicht direkt beim Wort Gottes, sondern bei jenem seines Stellvertreters auf Erden, Papst Franz. Der hat bekanntlich einen verschmitzten Blick, den Schalk im Nacken und ist stets heiter im Ausdruck. Das gefällt mir. Doch Franz hat einen Fehler: Er kann sich manchmal nicht recht verständlich machen, denn er spricht in Bildern. Vor allem Protestanten sind da überfordert. Also zeige ich mich erbötig, der Welt zu erklären, was er wirklich meint.

Umstritten war ja seine Aussage, Eltern könnten ihre Kinder mit Schlägen bestrafen, sie dürften nur nicht ihre Würde verletzen. Er stieß damit auf Empörung, vor allem bei deutschen Damen mit Doppelnamen. Zu Unrecht. Meine erste Deutung dieses Ausspruchs: Franz meinte damit nicht kleine Menschen, sondern uns alle, da wir ja nach seinem Verständnis alle Gottes Kinder sind. Und wenn wir uns unter uns mal so umsehen, so gibt es doch in der Tat so einige, die einfach mal kurz abgewatscht werden müssten. Franz dachte dabei aber nicht an die üblichen Verdächtigen wie Immobilienmakler, Investmentbanker, Nahrungsmittelspekulanten, Waffenschieber und Drogenhändler. Die trifft sowie irgendwann das Beil des Schicksals. Um die braucht man sich nicht zu sorgen. Nein, Franz meinte vielmehr die kleinen Ärsche des Alltags, die tagtäglich einen hinter die Löffel brauchen.

Zum Beispiel die, die an einem Hummerwettessen teilnehmen und so viele Tiere in sich hineinstopfen, bis sie aus der

Nase wieder herausbröckeln. Oder die, die in ihrer Werbung jedem ihrer Kunden jährlich ein neues Smartphone versprechen. Als gäbe es nicht schon genug von den Drecksdingern. Oder die, die Sätze mit »Ich habe ja nichts gegen Ausländer, aber ...« beginnen. Oder die, die ständig gegen das von Robert Gernhardt ausgerufene 11. Gebot verstoßen, das da lautet: »Du sollst nicht lärmen«. Oder die, die sich aufregen, wenn jemand zu einem Negerkuss Negerkuss sagt, vom Hühnchen aber nur die Brust essen, während Beine und Flügel zu Dumpingpreisen nach Afrika exportiert werden und dort die einheimische Geflügelindustrie kaputtmachen. Oder, okay, gemeint ist auch mein Bekannter Ralf, der seine Schäferhündin umtaufte. Bislang hieß das Tier Blondi, nun hört es auf den Namen Pegida. So was macht man nicht, das verdient einen Klaps auf den Hinterkopf.

Die zweite Deutung lautet wir folgt: Auch, wenn Ihr Euren Kindern tatsächlich mal eine wischt – liebt sie. Liebt sie richtig, denn falsche Zuneigung kann viel mehr schmerzen als ein Klaps. Liebt sie, und kauft Euch nicht frei davon, indem Ihr sie mit sündhaft teuren Geschenken überhäuft und mit edlen Markenklamotten und Smartphones. Lasst sie spielen, lasst sie Kind sein, statt sie mit dem SUV von der Schule abzuholen und zu Klavierstunden und Chinesischkursen zu karren. Und wenn Ihr sie im fetten Manufactum-Kinderwagen umherschiebt, telefoniert nicht, smartphoned nicht und glotzt nicht in Euer Facebook, sondern redet mit ihnen, schäkert, albert und erklärt ihnen die Welt.

Februar 2015

Hauptsache Wachstum

Eigentlich klingt dieser kleine Vergleich so, als könne man nichts dagegen einwenden. Man stelle sich vor, heißt es da, ein Mann geht auf die Bank, beschimpft dort den Direktor aufs Übelste und verlangt dann einen Kredit, obwohl er einen furchtbaren Leumund, keine Bonität und auch keine Sicherheiten aufzuweisen hat. Trotz alledem bekommt er das verlangte Geld geliehen. Doch statt sich zu bedanken, wettert er weiter und beschwert sich unflätig über die seiner Meinung nach zu hohen Zinsen. So erzählt man es sich zur Zeit in gewissen Kreisen, lacht geringschätzig und schadenfreudig und haut sich auf die Schenkel.

Es ist unschwer zu erraten: Der Undankbare ist der Grieche, der Bankdirektor ist der Europäer, und die gewissen Kreise, das sind die vielen Fachleute, die den Griechen gerade so kluge Tipps geben. Mehr privatisieren, weniger Beamte, unbedingt den Euro behalten … Man kennt das ja alles. Was in Geldkreisen verschwiegen wird: Zwar war es dem Land durch einen fürchterlichen Kraftakt und dem Umsetzen schlauer Ratschläge gelungen, kurzfristig wieder etwas Wachstum zu erzielen, es habe gar »beeindruckende Fortschritte« gemacht, wie die Industrieländerorganisation OECD befand. Doch zu welchem Preis?

Wie immer, wenn einer wächst, mussten andere schrumpfen. In diesem Fall war das Schrumpfen aus nächster Nähe zu beobachten. Zwar hatte sich die Wirtschaft ein wenig entwickelt (was die Gläubigernationen und -banken schöne Zinszahlungen erhoffen ließ), den Menschen in Griechenland aber ging es schlechter als jemals zuvor. Mehr Wachstum, mehr Suppenküchen. Ein uralter Kreislauf, eigentlich längst bekannt. Nur, dass er sich in dem Fall innerhalb eines einzigen, kleinen Landes abspielt. Globalisierung en miniature.

Nun die gleiche Geschichte, doch erzählt aus einer anderen Warte. Ein Mann geht auf die Bank, denn er möchte eine Überweisung abgeben. Dort trifft er den Direktor. Der bittet ihn in sein Büro, reicht ihm einen Kaffee und sagt: »Komm Alter, ich gebe dir einen Kredit.« Der Mann sagt: »Besten Dank, aber ich brauche kein Geld. Ich fange Fische, ich baue Oliven an, und im Sommer vermiete ich mein Gartenhäuschen an Touristen. Das langt mir dicke zum Leben.« »Doch, doch«, sagt da der Bankdirektor, »du brauchst mehr Geld, du weißt es nur noch nicht. Du brauchst viel mehr Geld, denn du musst wachsen.« Er malte dem Mann in schillernden Farben aus, was er sich in Zukunft alles leisten könnte. Der Mann glaubte dem Direktor. Der hatte schließlich studiert und galt als klug. Also willigte er ein und unterschrieb einen Kreditvertrag. Dass er nur kurze Zeit später seine Zinsen nicht mehr zahlen konnte, geschweige denn die Raten des Kredits, das hätte der kluge Direktor wissen müssen. Hat er auch. Doch Hauptsache Wachstum.

Was folgern wir daraus? Zeigen wir, dass die EU eine wirkliche Gemeinschaft ist, sprich, die Großen helfen den Kleinen. Verzichten wir auf Zinsen und Forderungen und geben Griechenland eine echte Chance. Denn die vielen klugen Wirtschaftsanalysten hätten wissen müssen, dass das kleine Agrarland nie und nimmer würde ernsthaft mitspielen können im Monopoly der Dicken. Und gerade wir Deutschen haben sowieso noch eine Extraschuld zu begleichen.

Februar 2015

Deutsche Bahn. Oder: Es stinkt, also müssen wir rasch einen Furz lassen

Eigentlich, das muss ich schon zugeben, habe ich die Anderen ja verabscheut. Jene, die ihre Tintenpatrone mit dem hinteren Ende nach vorne schieben mussten, deren stromführende Schiene nicht in der Mitte des Gleises verlief und die an der Gesäßtasche ihrer Jeans einen albernen Lederaufnäher trugen und kein rotes Fähnchen. Konkret: Sie schrieben mit Geha statt mit Pelikan, ihre Jeans waren von Wrangler und nicht von Levi's und ihre Eisenbahnen von Märklin statt von Trix.

Das ist lange her, und zwei dieser Beispiele sind nur noch Erinnerungen an vorgestern. Ein Füller ist ein von der Schule aufgezwungenes Schreibgerät, eine Jeans nichts weiter als eine amerikanische Hose. Die Eisenbahn jedoch, das ist eine faszinierende Legende von immerwährender Magie. Im Modell ist sie gelebtes Fernweh auf einer begrünten Spanplatte, in echt das Gleiche in groß. Ein Bahnhof lässt den Menschen augenblicklich in den Status fortgeschrittener Melancholie verfallen, denn Schienen führen theoretisch überall hin – auf jeden Fall aber fort von hier. Sei es nach Hause, oder sei es weit weg von zu Hause. Das kommt uns zupass, denn die meisten von uns wären ja bekanntlich am liebsten immer dort, wo sie gerade nicht sind.

Ob die Bahn das weiß? Ob in den oberen Etagen der Deutschen Bahn AG noch ein einziger Mensch sitzt, der solche Gefühle auch nur im Ansatz zu teilen vermag? Ich glaube das nicht. Oder wie sonst können die auf den Gedanken kommen, ihr Fernbus-System bis Ende 2016 zu vervierfachen?

Viermal mehr Verkehr von der Schiene auf die Straße zu verlagern? Weil der bayerische Autofanatiker Alexander Dobrindt brabbelte, die Bahn müsse sich der Konkurrenz auf der Straße stellen? Nach dem Motto »Es stinkt, also müssen wir rasch einen Furz lassen«?

Jetzt mal davon abgesehen, dass dies ökologisch als auch verkehrsplanerisch einen Irrsinn in Reinkultur darstellt, ist es auch unter Marketinggesichtspunkten Kappes. Jedes Unternehmen versucht doch, für teures Werbegeld seinen Produkten eine Gefühligkeit einzuhauchen. Da macht man schon mal aus einer Schnapsbohne eine Sexbombe und aus einem Dieselmotor einen Kumpel zum Pferdestehlen – um es beim Kunden ein wenig säfteln zu lassen. Doch was tut die Bahn? Zerbombt ein vor Emotionalität nur so strotzendes Unternehmen und baut es wieder auf zu einem Omnibusbetrieb.

Und wenn wir schon mal dabei sind, hier mein Tipp für mehr Rendite. Schenkt den Menschen Zeit! Lasst langsamere Fernzüge fahren, bestückt mit bequemen Personenwagen, in denen man die Fenster öffnen kann. Mit einem Salonwagen für Raucher, mit zwei Speisewagen und einem großen Küchenwagen. Da drinnen soll richtig gekocht werden. Da sollen sich Spanferkel drehen, da soll ein Pizzaofen bollern, da sollen Würste hängen und Schinken, und ein Bassin mit lebenden Forellen soll da stehen. Und im Winter soll es Gänsekeulen geben. Mit selbstgeraspeltem Rotkraut und mit haus- (oder besser waggon-) gemachten Kartoffelklößen. Und die Gänsekeulen, sie sollen so gut sein, dass darüber niemand das fehlende WLAN vemisst – und der eingebaute Handynetz-Störsender keinem auffällt. Ach ja: So ein Zug hilft übrigens auch gegen Burnout und fördert somit vernünftige unternehmerische Entscheidungen.

März 2015

Blonder Neger

Eigentlich gibt es ja jede Menge Gründe, sich für seine Mitmenschen zu schämen. Dieser Tage zum Beispiel, wenn sie beim geringsten Sonnenstrahl aus ihren Verhauen quellen, käsig und blass, von langen Winterabenden mit Pro 7 gezeichnet und derart leichtgeschürzt, als kämen sie gerade daheim aus dem Bad gewatschelt. Für solche Situationen, in denen man von den Kurzbehosten und Gummibeschlappten geradezu ästhetisch überfallen wird, hat irgendein kluger Kopf vor gar nicht so langer Zeit einmal den Begriff »Fremdschämen« erschaffen. Übrigens eines der wenigen Modewörter, für die man sich nicht zu schämen braucht. Doch ginge es hier nur um Flip-Flops, wäre das zwar ungustiös, aber nicht wirklich schlimm. Schlimm ist etwas anderes, für das der Terminus »schämen« längst nicht mehr ausreicht.

Unser aller EU-Parlamentspräsident Martin Schulz sagte dieser Tage über rechtsextreme Umtriebe: »Wir dürfen die Agitatoren und Brandstifter nicht im Glauben lassen, eine schweigende Mehrheit stehe hinter ihnen.« Das ist hehr, doch woher nimmt der Mann diese feste Überzeugung? Muss man diese Aussage nicht anzweifeln? Bei unsereinem im international geprägten Frankfurt könnte man Schulz' Worten noch Glauben schenken. Man betrachte nur das Niederringen der rassistischen Demonstrationen, die sich einmal »Pegida« nannten. Mittlerweile entsendet die hiesige Bürgerschaft ja nur noch eine Art Brandwache zu deren Versammlungen, um zu gucken, ob da noch was glimmt. Ein paar hundert Gegendemonstranten reichen dicke für die paar verirrten Hanseln. Das erinnert an einen Ausspruch Franz Josef Strauß', der einmal auf die Frage, was er bei einer militärischen Intervention

Österreichs tun würde, antwortete: »Dafür wäre dann die Freiwillige Feuerwehr Freilassing zuständig.«

Doch das ist trügerisch. Es sind nicht die rechten Maulhelden, die Anlass zu Besorgnis bieten. Was zählt, sind die kleinen Erlebnisse im Alltag. Jene Taxifahrer, die ihre eigenen Kollegen als »Kameltreiber« und »Ziegenficker« bezeichnen und sich noch wundern, wenn man sich darüber empört. Jene Anhänger der ach so toleranten Frankfurter Eintracht, die nach einem Spiel gegen den HSV lauthals Lieder von einer »U-Bahn von Hamburg bis nach Auschwitz« grölen. Und Geschehnisse dieser Tage in Mainz, wo ein stadtbekannter Dachdecker namens Neger seit sechzig Jahren mit einem Logo wirbt, auf dem ein schwarzer Mensch abgebildet ist. Geschmacklos? Darüber kann man diskutieren. Einige regten sich auf, fühlten sich an den Kolonialismus erinnert. Doch die wurden nun mit Hetze und Morddrohungen von rechtsaußen überhäuft. Das ist normal und schon lange üblich, aber in dieser Menge und in dieser Form dann doch bedenklich.

Wie tickt sie also nun, die »schweigende Mehrheit«? Dazu noch ein kleines Beispiel, das zuerst witzig erscheint. Doch nur zuerst. Unlängst schimpfte ich mit einem Taxifahrer, weil der, ohne zu blinken, abgebogen war und mich fast über den Haufen gefahren hätte. Der blaffte zurück und schrie plötzlich: «Das sagst du nur, weil du blond bist!« Oha, der hat mich rassistisch beleidigt, dachte ich zuerst und musste grinsen. Aber dann: Was muss der Mann schon erlebt haben, dass ihm so etwas in so einer Situation entfährt?

April 2015

Globalisierung – Der neue Kolonialismus

Eigentlich habe ich meine Urgroßmutter kaum gekannt. Ich erinnere mich nur an ein stets in schwarze Röcke gewickeltes, hünenhaftes Wesen, das morgens aus seiner Kammer kam und laut nach seinen Brötchen schrie. Dann verschwand es wieder und ward bis zum nächsten Morgen nicht gesehen. Mich beachtete es kaum, was mich etwas grämte. Heute weiß ich, dass Menschen, die Kinder und Hunde ignorieren, nicht zwangsläufig schlecht sein müssen. Das Wesen starb, als ich drei Jahre alt war.

Meine Urgroßmutter hatte einen Kolonialwarenladen geführt. Sie verkaufte Kaffee, Tee, Kakao, Schokolade, Rohrzucker, manchmal eine Kokosnuss oder ein paar Bananen. Also Waren, die aus den deutschen Kolonien herangekarrt wurden. Mittlerweile weiß man, dass Kolonien etwas Schlechtes waren, weil die europäischen Herrenmenschen die dortige Bevölkerung unterjochten und ausbeuteten.

Heute heißt Kolonialismus »Globalisierung«, und es hat sich nichts geändert. Das System wurde sogar noch perfektioniert. Nun ernten die Dortigen nicht mehr nur Kaffee, Tee und Zuckerrohr für uns, sie nähen uns auch T-Shirts, sieden uns Seifen, fertigen uns Gebisse und Smartphones, bauen für uns Bauxit ab, schreiben uns Computerprogramme, produzieren uns Schuhe und Spielzeug und Autos und Fernseher. Und wie unsere Vorfahren fahren auch wir sie besuchen, sogar zahlreicher und häufiger. Und sind wir dann dort, bewirten sie uns in Restaurants, machen uns die Füße und die Betten, putzen uns die Schuhe, ölen uns ayurvedisch ein, tragen unser Gepäck auf hohe Berge oder befriedigen unseren Sexualtrieb. Manchmal verkaufen sie uns sogar für kleines

Geld eine ihrer Nieren. Deswegen fahren wir gerne dorthin, denn zu Hause könnten wir uns das alles nicht leisten.

Neu ist das nicht. Schon der Kolonialismus folgte einer jahrmillionenalten Tradition, die dem Menschen von Anbeginn seiner Existenz verinnerlicht ist. Denn seit es Menschen gibt, gibt es Not, und seit es Not gibt, gibt es Menschen, die sich an der Not anderer Menschen bereichern. Die einen ließen Sklaven Pyramiden und Kirchen bauen, die anderen lassen sich Jeans nähen und Kaffee pflücken, den sie dann auch noch »Krönung« nennen. Man könnte gar von einer Win-Win-Situation sprechen. Den einen geht es dadurch ein bisschen besser als beschissen, den anderen viel besser als blendend. So jedenfalls lässt sich die oft gehörte Rechtfertigung deuten, die da lautet: »Aber wir schaffen doch dort auch Arbeitsplätze!«

Und so kann man auch Volkes Urteil über jene erklären, die notleidenden Menschen viel Geld dafür abnehmen, sie in Nussschalen von Afrika nach Europa zu bringen, die sogenannten »Schlepper«. Skrupellose Haderlumpen seien dies, verachtenswertes Pack! Die Wahrheit: Grund für den Hass ist, dass wir aus den Deals der Schlepper keinen Nutzen tragen. Wir kriegen dafür nichts als einen Haufen Flüchtlinge, die wir aus dem Meer fischen und durchfüttern müssen. Volkswirtschaftlicher Nutzwert gleich null! Nicht mal ein bisschen Genuss bringt uns das. Keinen Kaffee, keinen Tee, keine Kokosnuss. Und wie war das früher? Anders. Dort lebten die Neger, einige von uns fuhren hin, nahmen ihnen die Bananen ab, und meine Urgroßmutter verkaufte sie. Das war nicht besser. Aber übersichtlicher.

April 2015

Laila und Annica

Eigentlich gucke ich kaum Privatfernsehen. Was auch. Hin und wieder ein Fußballspiel, denn da bleibt man wenigstens 45 Minuten lang von Werbung verschont. Ansonsten bin ich weder an würmeressenden Schuldnern interessiert noch an Kloschüsselrennen oder sich andauernd vor Gericht beschimpfenden Menschen, deren Schatz nur sehr wenige Wörter umfasst. Deswegen kommen die wohl auch ins Fernsehen, denn im Hörfunk wären sie hoffnungslos verloren. Dort muss man Sätze bilden, günstigstenfalls ganze. Wie auch immer, Privatfernsehen ist nicht meins. Schade. Denn deswegen habe ich vergangenes Wochenende etwas verpasst.

Es begab sich am Samstag. Wie viele andere brave Bürger auch, hatte ich mich aufgemacht, in der Frankfurter Innenstadt einen Aufmarsch der Rassisten zu verhindern. Ich war natürlich direkt an der geplanten Route, nicht bei der Großkundgebung der Gewerkschaften und deren Konsorten. Denn mit Sehen und Gesehenwerden, Small-Talk in der Sonne und Rednern, die einem nur das erzählen, was man eh schon weiß, lässt sich meines Erachtens keine Nazi-Demo blockieren. Als bin ich ran an den Speck.

Das Ergebnis jedoch war eher ernüchternd. Für die Nazis sowieso, für mich aber auch. Gerade mal 150 braune Gestalten stolperten ein paar Meter ums Karree. Sie waren allerdings auffallend gut instruiert und bemühten sich redlich, den Hitlergruß zu vermeiden. Sie fuchtelten allerdings so ungelenk mit Händen und Fingern in der Luft herum, dass sie damit ein noch armseligeres Bild abgaben. Das wollen Nazis sein? Ich rief ihnen zu: »Habt ihr auch nur ein Ei wie euer Führer?« Sie verstanden nicht. Nur die Leute um mich herum lachten, auch einige Polizisten schmunzelten. Dann war das Spükchen auch schon wieder vorbei, und ich ging heim. Unterwegs sah ich noch zwei tote Tauben und aß auf der Fressgass eine Bratwurst, wobei ich mich mit der Verkäuferin in die Haare geriet, weil die für das Brötchen 50 Cent extra berechnete, obwohl dies nicht auf dem Schild stand. Ich wollte ihr die angebissene Wurst mit den Worten »Dann will ich sie doch nicht« grad wieder hinwerfen, da fiel mir auf, dass ich ihr ja schon fünf Euro gegeben und mich somit in eine strategisch ungünstige Situation gebracht hatte. Ich aß zürnend.

So. Das wäre fast die ganze Geschichte gewesen – und somit kaum einer Veröffentlichung wert. Doch jetzt kommt's. Am Abend nämlich traf ich meine Kollegin Laila. Laila ist jung, intelligent, hochpolitisch, doch sie hat eine Macke, wie sie sagt. Sie guckt immer die Sendung *Der Bachelor* auf RTL, wo 22 Frauen um einen Galan buhlen, wie ich jetzt weiß. Laila war auch bei den Nazis gewesen, auch ganz vorne. Und da traf sie auf Annica. Annica ist 27, nett und klug, wie ich jetzt im Internet gesehen habe. Und Annica stand direkt vor Laila in der Polizeikette. Laila erkannte sie sofort und freute sich, auch die anderen Polizisten lachten, und Annica hat sich auch ein bisschen gefreut. Nun war ich neidisch. Ich werde ab sofort auch Privatfernsehen gucken. Dann verhageln mir die paar braunen Kackvögel nicht mehr komplett den Samstag, und ich muss meinen Frust nicht mehr an armen Bratwurstverkäuferinnen auslassen. Aber mit den beiden toten Tauben habe ich nichts zu tun. Ehrlich.

Juni 2015

Ein Fischersbursch in Rheda-Wiedenbrück

Eigentlich fing alles drollig an. Es war so zu Beginn der siebziger Jahre, als die ersten Rucksackreisenden auf die griechische Insel Paros kamen. Sie standen auf dem Marktplatz und waren im Nu umringt von neugierigen Einwohnern. Man brachte ihnen Schnaps und Oliven, man lud sie zum Abendessen ein, und unter den Nachbarn entbrannte ein Streit, wer die Fremden denn bei sich übernachten lassen dürfe. So blieben sie einige Tage und mussten nicht eine einzige Drachme bezahlen. Ganz im Gegenteil, denn das wäre einer Ehrverletzung gleichgekommen.

Das sprach sich herum, und im Jahr darauf kamen schon mehr Backpacker. Und es sollte nicht lange dauern, bis in einschlägigen Selbstverlag-Reiseführern die Adressen der Bauern standen, bei denen es sich besonders komfortabel wohnen und reichhaltig speisen ließ. Alles umsonst, versteht sich. Paros für Schnorrer. Logischerweise war es eine Frage der Zeit, bis den Einwohnern das auffiel. So beendeten sie notgedrungen eine jahrhundertealte Tradition und nahmen Geld für ihre Gastfreundschaft. Eine neue Ära war angebrochen. Wie es weiterging, ist bekannt. Griechenland wurde zu einem der beliebtesten Reiseziele für bleiche Nordeuropäer. Sie liebten die Sonne, das Essen, den Wein, die Musik und die Menschen. Denn »der Grieche« war und ist anders als sie. Er kann schwermütig sein wie sein Rembetiko, aber auch feierlustig wie sein Sirtaki. Er verschenkt vor lauter überbordender Gastfreundschaft sein letztes Hemd, klaut aber gleichzeitig beim Nachbarn dessen letzte Hose von der Leine. Er betoniert fein säuberlich eine Straße und geht dann quer drüber und hinterlässt seine Stapfen.

Das griechische Miteinander ist so uneuropäisch, dass es uns so reizvoll erscheint wie einer ostwestfälischen Lehrerin der Sex on the Beach mit einem griechischen Fischerssohn. Dabei haben die Urlauber nur wenig vom hellenischen Way of Life wirklich mitgekriegt. Von dem Irgendwie-Durchwurstel-System, das seinen eigenen chaostheoretischen Regeln folgte, die niemand aufstellte und niemand verstand, die aber irgendwie funktionierten. Missgunst und Nächstenliebe waren darin absolut gleichrangig, und jeder Grieche vermochte traumwandlerisch und sekundenschnell zwischen diesen beiden Polen hin- und herzuwieseln – ohne es zu merken oder dies gar absichtlich zu tun. Man war eine große Familie.

Das war spannend für uns, solange es uns nur wenige Urlaubswochen lang betraf. Doch wehe, der braungebrannte griechische Fischersbursch kam zum Gegenbesuch nach Rheda-Wiedenbrück in die Doppelhaushälfte der Lehrerin mit dem Doppelnamen. Da prallten Welten aufeinander. Man erkannte schnell: Wir können nicht miteinander. »Der Grieche« lässt sich nicht germanisieren. Wir haben das gewusst und es dennoch probiert. Also lasst ihn doch bitte, wie er ist, und wie wir ihn lieben. Und erlasst ihm seine Schulden. Das macht für uns Deutsche rund tausend Euro pro Nase. Aber hat schon mal jemand berechnet, wie viel uns die Deutsche Bank kostet, weil sie mal wieder Strafen für irgendwelche Finanzferkeleien aufgebrummt kriegte? Auf Umwegen zahlen das auch wir. Und retten damit keinen einzigen Menschen vor dem Verhungern. Ganz im Gegenteil. In Griechenland wäre dies der Fall.

Juni 2015

Unrat vom Sonnenhof

Eigentlich weiß ja ein jedes Lebewesen instinktiv, was ihm guttut und was nicht. So wissen Mäuse schon früh, dass sie sich tunlichst von Katzen fernzuhalten haben. Rehe futtern bei Magenverstimmungen gewisse Heilkräuter, Pferden sagt man nach, nur klarstes Wasser zu trinken, Schweine hingegen scheinen robustere Mägen zu haben und saufen voller Wonne auch mal einen kloakigen Tümpel aus. Und das gesamte Viehzeug Thailands erklomm im Jahre 2004 frühzeitig höhere Regionen, lange bevor der Tsunami die Menschen am Strand beim Urlauben störte. Tiere spüren also, was zu fressen, zu saufen und zu tun ist, obwohl sie keine wohlmeinenden Facebook-Freunde haben, keine einschlägigen Internetforen besuchen und sich keine Ratgebersendungen im Fernsehen ansehen können.

Uns Menschen hingegen steht all das zur Verfügung – und dennoch versagen wir auf ganzer Linie. Warum? Vielleicht genau deswegen? Tut uns zu viel Information nicht gut? Denn irgendeinen Grund muss es doch haben, dass wir in den sogenannten zivilisierten Ländern genau das zu uns nehmen, von dem wir genau wissen müssten, dass es der letzte Müll ist und uns deswegen potentiell schadet. Kein freilebendes Tier der Welt würde etwas fressen, nur weil sich der Hersteller »Gut Sonnenhof« oder so ähnlich nennt und auf der Packung ein idyllischer Bauernhof abgebildet ist, das aber durchsetzt ist von künstlichen Aromen, Konservierungsmitteln, Industriefetten, Farbstoffen und sonstigem Unrat. Es würde dran riechen und dann entscheiden, ob das Zeugs genießbar ist.

Vor Jahren beging eine große Firma ein Sommerfest. Ein

angesagter Caterer baute ein gewaltiges Buffet auf. Die Gäste spachtelten kräftig, dennoch blieb jede Menge übrig. Einer der Feiernden war Hobbyjäger und zeigte sich erbötig, die Reste mitzunehmen und ans Wild zu verfüttern. Also packte er Schnittchen, Kanapees, Lachsröllchen und alles andere in blaue Säcke und leerte die im Wald aus. Einige Tage später ging er wieder hin, und siehe da: All die Köstlichkeiten lagen noch herum, so wie er sie hingeschüttet hatte. Kein Stück Vieh hatte auch nur einen Haps zu sich genommen.

Wir Menschen hingegen hauen uns das Zeugs rein, weil man uns daran gewöhnt hat. Ein Bekannter machte unlängst einen empirischen Versuch und setzte seinem Fünfjährigen zum ersten Mal im Leben einen Cheeseburger aus einem dieser Schnellessläden vor. Der Kleine biss hinein, stieß einen Ekelschrei aus und spuckte das sogenannte Essen unversehens dem stolzen Vater vor die Füße. In diesem Zusammenhang ist vielleicht wichtig zu erwähnten, dass das Kind auch ohne Fernseher, Handy und Computer aufwächst. Würde man ihm *Deutschland sucht den Superstar* vorsetzen, würde es die Sendung wahrscheinlich auch sofort wieder rauskotzen. Und auch Facebook würde es sicherlich zurück ins Smartphone speien.

Was also tun? Nichts glauben. Keinem Hersteller, keinem Verkäufer, niemandem vertrauen. Auch nicht, wenn »Bio« draufsteht. »Nur mit dem Herzen sieht man gut«, sagte de Saint-Exupérys kleiner Prinz. Ist natürlich pathetischer Mist. Aber wahr. Man verliebt sich ja auch nicht in jemanden, nur weil auf dem »gütig und erotisch« draufsteht. Na ja. Obwohl. Wenn ich mir Parship oder so was angucke …

Juli 2015

Flüchtlinge im Bioladen

Eigentlich könnte man ja meinen, es sei nicht nötig, in einer Zeitung wie der *Frankfurter Rundschau* eine Kolumne über das nun folgende Thema zu schreiben. *Rundschau*-Leserinnen und -leser gelten ja schließlich als aufgeklärt, gebildet, weltoffen und tolerant. Zwar sind darunter welche, die wie einst im Mittelalter an irgendwas glauben, was noch kein Mensch jemals gesehen, geschweige denn bewiesen hat und das auch noch anbeten. Andere haben der Wurstlust abgeschworen und dies zu ihrer Religion erklärt. Wiederum andere lieben ihren Köter so sehr wie so manche Eheleute ihren Partner nicht (mehr). Kurzum: Es tummeln sich so manche kuriose Gestalten in dieser geneigten Leserschaft. Eines jedoch – so denkt man – eint die gesamte Gemeinde. Alle verabscheuen Rassismus und Fremdenfeindlichkeit. Alle finden es zum Kotzen, was dieser Tage zum Beispiel im sächsischen Freital geschah, wo ein widerwärtiger Bürgermob gegen die Ansiedlung von Flüchtlingen kämpft. Alle. Alle?

Wie komme ich dazu, so rigoros der Meinung zu sein, dass alle dieser Meinung sind? Weil ich es gerne so hätte? Aber was ist mit diesen gespenstisch leisen Tönen, die immer wieder und immer mehr selbst in hochintellektuellen linken Kreisen zu vernehmen sind? »Das Boot ist voll«, sagt so niemand. Aber so ähnlich. Verklausulierter halt. »Ich habe ja nichts gegen Ausländer, aber …« hört man hingegen schon öfter mal – obwohl es ein genauso bescheuerter Stammtischspruch ist. Ja, die Töne sind leise. Noch. Und was, wenn sie lauter werden?

Denken wir mal etwas anderes. Nehmen wir mal exemplarisch für viele deutsche Stadtteile das Frankfurter Nordend.

Mehr und mehr ein Viertel für Leute mit viel Geld. Angehörige niederer Kasten kommen hier fast nur noch als Putzfrauen vor, als Supermarktkassiererinnen, Taxifahrer und Straßenkehrer. Sie arbeiten hier, wohnen aber weit draußen, wo es billiger ist. Nun stelle man sich einmal vor, zweihundert Flüchtlinge würden nicht in Freital einquartiert, sondern im Frankfurter Nordend. Geht nicht, dafür sind die Mieten zu hoch, denkt man sofort. Aha. Und das soll ein überzeugender Grund sein? Weil es uns so gutgeht, haben wir keinen Platz für Arme?

Stellen wir uns einmal vor, es gelänge, die zweihundert Menschen unterzubringen. Würden wir sie mit offenen Armen empfangen und in unseren Alltag integrieren? Was, wenn sich zum täglichen Müttermittagstisch beim Italiener mit Prosecco, Pasta und plärrendem Gebälg noch eine afghanische Großfamilie gesellen würde? Wenn sie uns im Bioladen die letzten drei glutenfreien Muffins wegschnappen würden? Dürften die überhaupt in den Bioladen, oder müssten die zu Aldi? Weil die gesunden Lebensmittel für uns wären? Und hätten Flüchlingskinderhunde auch einen Anspruch auf Schabefleisch vom Ökorind? Fazit: Eine kleine, elitäre Stadtgesellschaft, die selbst die schlechterverdienenden eigenen Landsleute aus dem Viertel drängt, wäre natürlich mit dem Zuzug von einigen hundert notleidenden Menschen hoffnungslos überfordert.

Was sagt uns das? Dass wir die Freitaler verstehen sollen? Natürlich nicht. Hass ist durch nichts zu rechtfertigen. Doch stünde uns etwas Demut und Dankbarkeit gut zu Gesicht. Und die Einsicht, wie verdammt gut es uns geht.

Juli 2015

Straßenessen

Eigentlich muss es doch schon immer Moden gegeben haben. Und wenn, dann gab es gewiss auch einen, der damit begann und sich damit sicherlich zum Deppen machte. So lange, bis andere ihn nachahmten. Oder denken Sie, jener Findige, der einst entdeckte, dass ein Feuerchen nach einem Blitzeinschlag trefflich zur Essenszubereitung taugt, durfte sich anfangs nicht der Häme seiner Mitmenschen sicher sein? Man kann es sich doch bildlich vorstellen, wie sie alle dasaßen und lustlos auf rohen Wurzeln und halbverwesten Hamstern rumkauten, aber spottend auf den Nachbarn deuteten, der ein Ferkel übers Feuer gehängt hatte. Wie lange es dauerte, bis sie es dem Sonderling nachtaten, ist nicht überliefert. Es kann nur kurze Zeit gewesen sein, bis aus dem Spleen eine Mode und aus der Mode eine Alltäglichkeit wurde.

So ging es mit vielem. Mit dem Pflug, dem Plumpsklo, dem Faustkeil, dem Rad und der Wasserkraft, bis hin zum Fahrrad, zur Melkmaschine, zum 3D-Drucker und zum Hornhauthobel. Irgendwann aber war alles entdeckt und erfunden, und den Menschen ward langweilig. So begannen sie, sich rückzubesinnen. Längst vergessen Geglaubtes wurde plötzlich wieder modern und zuerst »Regrounding« getauft. Das ist nun etwa fünfzehn Jahre her. Später wurde daraus »Retro«, dann »Vintage«. Heute sind diese Moden wieder zur Selbstverständlichkeit geworden. Man trägt Verwanztes und nennt es »Used Look«, die Hipster schieben ihre Brut in Fünfziger-Jahre-Kinderwagen durch Berlin und trinken wieder Filterkaffee, Männer tragen Dutt wie früher ihre Großmütter und Bärte wie einst ihre Genossen im Neandertal. Es ist nur eine Frage der Zeit, bis man sich nicht mehr wäscht und stinkt wie ein nasser Fuchs, weil das schließlich im 17. Jahrhundert en vogue war, also hip.

Sie können sich das nicht vorstellen? Wer hätte schließlich vor Jahren gedacht, dass es modern werden könnte, auf verlassenen Verkehrsinseln mitten in der Stadt Runkelrüben anzubauen und das dann »Urban Gardening« zu nennen? Oder sich zu ernähren wie einst die Steinzeitler und dies »Paleo-Diät« zu taufen? Gewiss, der Verzehr von rohem Fisch (Sushi) oder rohem Fleisch (Carpaccio) ist ja schon länger üblich, und schon in den Fünfzigern galt der Mettigel als Krönung eines jeden Buffets. Es wird Zeit, dass der auch mal wieder hip wird.

Recht neu ist ein Trend, der seine Epizentren in Berlin und dem Ruhrgebiet hat, also den Kulinarik-Hochburgen schlechthin (Stichwort Currywurst). Auch dieser brauchte einen englischen Namen und heißt deswegen »Streetfood«. »Straßenessen« klänge aber auch wirklich sehr nach Obdachlosenspeisung. »Streetfood« hingegen wird von extrem coolen Leuten in extrem coolen Vehikeln zubereitet, bei männlichen Verkäufern herrscht selbstredend Bartzwang. Letzter Schrei ist »Pulled Pork«, wobei das Schwein so lange geschmort wird, als gelte es, einen Amboss al dente zu kriegen (ich weiß, das hab' ich schon mal geschrieben). Die endgültige Distanzierung zur Armenküche drückt sich in den Preisen aus, aber es war schließlich schon immer etwas teurer, einen besonderen Geschmack zu haben. Mir soll's egal sein. Ich jedenfalls bin gespannt, wann meine Art, mich zu ernähren, auch mal in Mode kommt. Sie werden es dann »All-Eating« nennen – und ich werde endlich mal Trendsetter sein.

August 2015

Sozialismus? Von mir aus

Eigentlich bin ich ja kein Freund von Verboten. Schon als Kind waren sie mir ein Gräuel. So konnte ich nie begreifen, warum es verboten war, nicht zur Schule zu gehen. Wäre die Unterrichtung kein Zwang gewesen, sondern, sagen wir mal, eine Empfehlung, wäre ich gewiss des Öfteren mit einem lustigen Liedlein auf den Lippen dorthin getänzelt. So aber schleppte ich mich allmorgendlich missmutig ins Schulhaus und war dann anwesend. Eine Beschulung verweigerte ich aber bei jeder sich bietenden Gelegenheit, was man mir nicht verbieten konnte. Im Gegensatz zu einer Zwangsernährung gibt es für eine Zwangsbelehrung keine Maßnahmen. Besonders den Wissensgebieten Mathematik, Physik, Chemie und Religion untersagte ich konsequent eine Annäherung an mich. Schließlich konnte ich mir den Satz des Pythagoras genauso wenig erklären wie die Existenz Gottes. Immerhin nötigte mich der Mathelehrer nicht zu beten.

So geht es mir noch heute. Was Jesus und Pythagoras angeht, sowieso. Doch auch Vorschriften und Verboten vermag ich noch immer keinen Nutzen abzugewinnen. Vor allem verstehe ich nicht die Willkürlichkeit, die beiden innewohnt. Wieso ist es erlaubt, literweise Bier in sich hineinzuschütten, um dann plärrend in ein Festzelt zu reihern – nicht aber, still und friedlich grinsend einen Joint zu rauchen? Warum ist in fast allen Hotelzimmern das Rauchen verboten, nicht aber das Mitbringen eines stinkenden Köters? Gleiches in Restaurants. Tölen dürfen dort furzen, Menschen aber nicht rauchen.

Natürlich sehe ich, dass Verbote oft der einzige Weg sind, den Menschen zu vernünftigem Tun zu verhelfen. Also zu zwingen. Die Gurtpflicht ist so ein Beispiel. Wer kann ein Interesse daran haben, sich die Hirnschale einzurennen? Oder die Promillegrenze. Doch hier wird es schon wieder zweifelhaft. Wieso 0,5 und nicht 0,0 wie in vielen anderen Ländern? Ähnlich ist es mit dem Tempolimit. Warum ziert man sich seit vielen Jahren, eine Höchstgeschwindigkeit von 130 km/h einzuführen? Was gäbe es denn Vernünftigeres? Und in Städten selbstverständlich 30 km/h. Ohne Ausnahme. Doch was geschieht? Nichts. Immerhin laufen zur Zeit in Frankfurt einige Modellversuche in Sachen Tempo 30.

Andererseits: Wenn Verbote so willkürlich ausgesprochen werden, hätte auch ich ein paar Vorschläge zu machen. Wieso nicht Massentierhaltung generell untersagen? Ratz fatz, von heute auf morgen. Klar, das Fleisch und die Wurst würden teurer werden. Aber Zigaretten kosten heute auch mehr als fünf Euro, mit der Folge, dass die Leute weniger rauchen. Und wenn man für ein Kilo Schnitzelfleisch nicht mehr 5,99 Euro aufruft, sondern 19,80 Euro, essen die Menschen weniger davon und bleiben gesünder. Genau wie die, die nicht mehr oder weniger rauchen.

Oder man könnte ein Billigflugverbot verhängen, gekoppelt mit der Einführung einer hohen Kerosinsteuer. Dann ist Schluss mit der albernen Wochenendhopserei nach London, Mailand oder Madrid. Oder ein suv-Verbot für Nicht-Försterinnen. Oder einen Mindestpreis für Textilien. Ein T-Shirt dürfte dann wenigstens 15 Euro kosten. Wie? Das sei ein Eingriff des Staates in die Freie Marktwirtschaft? Am Ende sowas wie Sozialismus? Von mir aus. Nennt es, wie Ihr wollt. Aber tut es.

August 2015

Rote Ampel, Du nervst

Eigentlich müsste es ja probat sein, Gesetze und Regeln nach dem zu erlassen, was bereits gängige Praxis ist. Es ist schließlich erprobt und hat sich als tauglich erwiesen. Doch halt, nein, stopp! Schon eine Sekunde weiteres Darübernachdenken jagt einem sofort die Nackenhaare ins Aufrechte und verbietet, dies auch nur im Ansatz fortzuführen. Wenn auch nur ein Bruchteil dessen, was die Leute tun und lassen, Dekret würde, wäre die Welt verloren. Ratz fatz würde »Atemlos« zur neuen Nationalhymne, Schwachsinnsabkürzungen wie Bolo, Knofi oder Tanke fänden den Weg in den Duden, Rudi Völler wäre Altbundeskanzler, Andreas Gabalier der neue Österreicher, der hier etwas zu sagen hätte, und Regierungserklärungen würden nach jedem fünften Wort den Terminus »keine Ahnung« beinhalten. Vergessen wir also diese grausame Theorie und wenden wir uns der Praxis zu.

Vor knapp 45 Jahren gab Herr Dr. Albrecht in der Klasse 5e des Neusprachlichen Gymnasiums zu Pirmasens das Fach Französisch. Mittendrin saß ein kleiner Herl. Plötzlich befahl der Dr. Albrecht dem kleinen Herl, den Begriff »tu m'énerve« ins Deutsche zu übersetzen. Der Herl sagte: »Du nervst mich«, und da krachte es schon. Denn Dr. Albrecht hatte sich wieder veralbert gefühlt und dem Herl dessen Französischbuch auf den Schädel gedonnert. Er solle gefälligst nicht so einen Unsinn erzählen. Korrekt hieße dies »Du gehst mir auf die Nerven« und sonst gar nichts. Und heute? Heute steht »Du nervst mich« als korrekte Übersetzung im Wörterbuch. Stillschweigend hat der Ausdruck den Weg in den täglichen Sprachgebrauch genommen, bis ihn schließlich auch die Duden-Redaktion in ihr Werk aufnahm. Es gibt sie also doch, die guten Beispiele für meine These vom Anfang, und es sind da noch viele mehr.

Was für ein ausgemachter Unsinn ist es etwa, als Radfahrer an einer roten Ampel stehen zu bleiben. Das hat mittlerweile sogar die Stadt Paris erkannt. Dort dürfen nun Cyclisten unter bestimmten Voraussetzungen das Haltesignal ignorieren, etwa wenn sie rechts abbiegen wollen. Das ist vernünftig, deswegen wird es auch schon lange gemacht, offizielle Erlaubnis hin oder her. Also ist es nur eine Frage der Zeit, bis es auch deutsche Städte Paris nachtun werden. Man denke nur an das Fahren gegen die Einbahnstraße. Jahrzehntelang war dies gängige Praxis, dann wurde es in Frankfurt und einigen anderen Städten erlaubt, und heute ist es nicht mehr anders vorstellbar. Ein Zurück wäre unmöglich.

Mir persönlich brächte die Pariser Regelung erhebliche finanzielle Verluste. An guten Tagen komme ich nämlich auf rund 60 überfahrene rote Ampeln. Das bedeutet eine Ersparnis von 60 x 100 Euro nicht gezahltes Bußgeld, also 6000 Euro Gespartes. Das ist ein Haufen Holz. Doch das soll es mir wert sein. Denn mal wieder würde Anarchie zum Alltag.

August 2015

Ein Farbiger am Frühstücksbuffet

Eigentlich interessiert es mich ja nicht die Bohne, was andere Leute im Urlaub so treiben und was sie darüber zu berichten haben. Waren mir früher schon Einladungen zu Diaabenden ebenso gräulich wie zum Fondue oder zu Gesellschaftsspielen, so werden diese Quälereien seit einiger Zeit noch getoppt durch das unerbetene Vorweisen gefühlter Milliarden Ablichtungen in smarten Telefonen. Es soll ja sogar usus sein, anderer Leute Facebücher mit Fotos von Sonnenuntergängen, Souvlakis oder Socken auf der Leine vor malerischer Bucht vollzukleistern. Ich bleibe hiervon verschont, da ich mich dem Instrumentarium Facebook verweigere. Also, wie gesagt, eigentlich sind mir anderer Leute Ferien schnuppe. Eigentlich.

Anders verhält sich das, wenn ich beruflich bin. Als Chronist für Blätter und Bühnen hat mich grundsätzlich alles zu interessieren. Dann gucke ich überall hin, vornehmlich dort, wo es wehtut. Also zum Beispiel auf die Homepage von Erika Steinbach, in die *Deutsche Nationalzeitung*, ins Privatfernsehen, in Schnellrestaurants oder in die diversen Foren, wo Leute sich anmaßen, ihren Hausarzt zu bewerten, ihren Anwalt, eine Autowerkstatt, ein Restaurant oder ein Hotel. Dass ich mit anschließenden Besuchen der am schlechtesten eingestuften Lokale und Herbergen die besten Erfahrungen gemacht habe, sei hier nur am Rande erwähnt. Jedenfalls stöberte ich unlängst wieder ebensowo und las (unkorrigiert zitiert): »Wir für 3 Tage im Hotel abgestiegen und waren zufrieden.. Das Personal war entsprechend freundlich und zuvorkommend. Das ein farbiger Servicemitarbeiter die Wurst aufschnitt und danach trapierte … ….. gewöhnungbedürftig.« Das schrieb im Juni eine »35–49-jährige« Frau aus einem Städtchen in Brandenburg über ihren Aufenthalt in einem Fünf-Sterne-Hotel auf Sylt.

Ich war platt. So platt, dass noch nicht mal – wie sonst üblich – reflexartig die Schlagwörter »Rassismus«, »Fremdenfeindlichkeit« oder »Nazibraut« in mir hochploppten. Ich war einfach nur baff. Und dann verspürte ich tatsächlich so etwas wie Mitleid. Wo lebt diese Frau? Ja, in Brandenburg, aber wo lebt sie im Kopf? Und wie eng mag es dort sein? In welchem Deutschland befindet sie sich? Wie sieht sie sonst so die Welt um sich herum? Tut das weh, was sie hat? Meine Oma erzählte öfter davon, wie sie zum ersten Mal einen »Neger« gesehen hatte. Das war nach dem Ersten Weltkrieg, als die Franzosen in der Pfalz einmarschierten. Sie sah den Schwarzen, bekam es kurz mit der Angst zu tun, aber dann war alles gut. Zumal der Mann das Mädel freundlich angelächelt hatte.

Aber, liebe Frau aus Brandenburg, das ist nun viele Jahre her! Sollte Ihnen meine im Jahre 1901 geborene Großmutter so weit voraus gewesen sein? Gnä' Frau, unser Land hat sich verändert! Sollte das in Brandenburg noch nicht angekommen sein? Ich war schon mehrmals in Brandenburg. Nun versuchte ich mich zu erinnern, ob ich dort Schwarze gesehen habe. Klappt natürlich nicht. Ich könnte genauso versuchen, mich an Rothaarige zu erinnern, an Dickbäuchige oder an Sommersprossige. Fallen mir Schwarze nur nicht auf, weil ich in Frankfurt wohne? Das wäre doch viel zu einfach! Ich bin immer noch sprachlos. Noch sechs Tage nach dieser gruseligen Entdeckung.

August 2015

Monsterbacken im Geländewagen

Eigentlich – machen wir uns doch nichts vor – ist Schule eine verdammt dröge Angelegenheit. Es wird schließlich seine Gründe haben, warum Eltern und Anverwandte hinterhältig versuchen, den Delinquenten den ersten Besuch im Bildungsinstitut zu versüßen und sie so davon abzuhalten, auch nur im Ansatz zu begreifen, dass nun ein mindestens sieben Jahre währendes Grauen über sie hereinbrechen soll. So drücken sie den kleinen Ahnungslosen riesige Tüten in die Arme, gefüllt mit Zuckerwerk verschiedenster Provenienzen. Unterstützt wird ihr perfides Tun natürlich von Industrie und Handel, die am Vollstopfen der lieben Kinderchen fett verdienen. So verteilte dieser Tage ein Großsupermarkt einen Werbeprospekt mit dem Titel »Hurra! Die Schule fängt an«. Dort pries er auf drei DIN-A3-Seiten sage und schreibe 43 Artikel für Erstklässler an, von denen exakt zwei ohne Weiß- oder wenigstens Fruchtzucker waren: Eine Brotdose und ein Trinkbecher. Ansonsten Artikel wie »Kindersekt«, »Kids-Cola«, »Bio-Schorly« oder (etwa in Anspielung auf das Antlitz des Kindes nach reichlichem Genuss des Produkts?) ein Fruchtquark namens »Monsterbacke«.

Da tut es wenig Wunder, dass es immer mehr Mode wird, Kinder mit dem Auto möglichst bis direkt ans Klassenzimmer zu fahren. Dachte man bis vor kurzem, das hinge mit übertriebener Aufsichtspflicht der Eltern zusammen, so weiß man heute, dass die Monsterbacken von heute schlicht nicht mehr in der Lage sind, auch nur zwei Kilometer zu Fuß zu gehen. Umso logischer wird diese Erklärung, wenn man weiß, dass diese Gepflogenheit ihren Ursprung in den USA hat, dem Land des unbegrenzten Körperumfangs.

Führt man sich dies vor Augen, erklärt sich auch ein weiterer Umstand. Ein Kind, das regelmäßig solch gewaltige Zuckermassen in sich stopft, lässt sich unmöglich in einem handelsüblichen Kleinwagen transportieren. Und da man seinen Spross nicht mit dem Tieflader zur Schule bringen möchte, schafft man sich halt einen dicken Geländewagen an und lenkt den samt Ableger so nah wie möglich an die Stätte der Beschulung. Das sei gefährlich, warnt die Polizei, vor allem für die vereinzelten Schüler, die noch versuchen, zu Fuß dorthin zu gelangen. In Frankfurt versucht man dieser Tage gar, der Lage mit einer Methode Herr zu werden, die wie ein Aprilscherz anmutet. Die Polizei verteilt Stempelkarten, auf denen sich die Schüler attestieren lassen können, per Pedes zur Penne gekommen zu sein. Hat man dies fünfmal getan, kann man etwas gewinnen (vielleicht eine Monsterbacke?). Allein, es hilft nichts.

So versammeln sich vor den Schulen nach wie vor Armadas von Geländewagen, die so manchem Blitzkrieg zur Ehre gereichten. Wenn Sie das nicht glauben, wohnen Sie wahrscheinlich nicht in der Nähe einer Schule. Doch machen Sie sich mal den Spaß, gehen Sie morgens kurz vor acht dorthin, und Sie werden sehen: Es scheint nur noch eine Frage der Zeit, bis die Kids auf Ketten zur Schule gebracht werden. Da denkt man doch unweigerlich an Woody Allen, der einmal sagte: »Wenn ich eine halbe Stunde Wagner höre, bekomme ich sofort Lust, nach Polen einzumarschieren.« Ach Woody, immer dieses Ewiggestrige. Sag doch einfach »bekomme ich sofort Lust, die Kinder zur Schule zu fahren«.

September 2015

Du sollst nicht töten – höchstens indirekt

Eigentlich ist es mit der Bestrafung ja so eine Sache. Will sagen: Meistens trifft es die Falschen. Also entweder die Unschuldigen oder jene, bei denen eine Sanktion eher den gegenteiligen Effekt des gewünschten erzielt. Knast ist so ein Beispiel. Einem Menschen die Freiheit zu nehmen ist eine Anmaßung und im Grunde genommen nichts weiter als eine Foltermaßnahme, die ans finsterste Mittelalter erinnert. Es ist eine Schande und ein Armutszeugnis gleichermaßen, dass sich sogenannte »moderne« Staaten noch immer ihrer bedienen. Sie kennen Alternativen, haben sie lange und intensiv erforscht. Dennoch beharren sie am Einsperren, obwohl sie wissen, dass sie dadurch Existenzen unwiderruflich zerstören, aus kleinen Kriminellen große machen – oder beides gleichzeitig. Als Gründe dafür geben sie knappe Kassen an und verwandeln damit blanken Hohn in puren Zynismus. Wenn eines der reichsten Länder der Erde seine fehlgeleiteten Bürger nicht resozialisiert, sondern zu psychischen Krüppeln macht, kann das gar nicht laut genug angeprangert werden – was Amnesty International ja auch regelmäßig tut.

Allein, es hilft nicht. Ebenso wenig, wie klagend den Finger Richtung Länder wie den USA zu heben, die konsequent einen Schritt weitergehen und ihre Bürger nicht langsam zugrunde gehen lassen, sondern gleich ermorden. Dass es Bösere gibt, macht aus Bösen keine Guten. Eine weitere Steigerung des grenzenlosen Zynismus ist in diesem Zusammenhang die Ankündigung der Firma Pfizer, fortan kein Gift für Exekutionen mehr zu liefern. Dass ein pharmazeutisches Unternehmen, das sich eigentlich wie Mediziner dem Hippokratischen Eid verpflichtet fühlen und alles dafür tun müsste, Menschenleben zu retten, überhaupt jahrzehntelang Tötungsmittel erforschte, herstellte und lieferte, macht einen schon fassungslos genug. Aber sich nun dafür feiern zu lassen, nun keine Beihilfe zum Mord mehr zu leisten, zeigt, wie tief die Kultur eines Unternehmens sinken kann.

Aber ja, liebe denkenden Leserinnen und Leser, ich sehe Sie gerade vor mir und sehe, Sie haben recht mit Ihrer Vorahnung. Wenn ich nämlich das Fass namens »Verantwortung von Unternehmen« aufmache, bräuchte ich weitere zwanzig Seiten, um dem Thema auch nur annähernd gerecht zu werden. Ja, man muss nun selbstverständlich große Banken nennen, allen voran die Deutsche, die aus jeglichem Töten, Morden, Metzeln, Foltern, Verdursten- und Verhungernlassen auf dieser Welt Profite zieht. Weitere Konzerne folgen im gleichen Atemzug, man nenne stellvertretend Daimler, die alle irgendwie in Waffenproduktion- und Handel mitmischen, und sei es nur durch die Lieferung von LKWs als Träger von Raketen. Außerdem Fluggesellschaften oder Unternehmen wie zum Beispiel Fraport, die daran verdienen, wenn ausgewiesene Menschen in den sicheren Tod transportiert werden. Namen über Namen, Beispiele über Beispiele.

Und am Schluss bleibt mal wieder ein Alter Hut, der aber ewig jung bleibt. Unter ihm verbirgt sich nämlich mal wieder die naive, aber berechtigte Frage: Mit wessen Geld finanzieren die all diese todbringenden Ferkeleien? Mit unserem. Mit unserem Geld, das wir bei denen angelegt haben. Auf dass es fruchtbar sei und sich mehre. Um jeden Preis.

Mai 2016

McRefugee

Eigentlich bin ich ja ein ständiger Mahner und finde an allem etwas zu kritteln. Und eigentlich kann ich auch jetzt kaum anders – auch wenn ich zugestehe, dass dieses Gemäkel hin und wieder Züge von Zynismus trägt. Die Grenzen sind da fließend. Doch ich habe zu viel erlebt, um alles und jeden widerspruchslos hinzunehmen und für gut zu heißen. Ich verbrachte zum Beispiel etliche Monate in den Bürgerkriegen Jugoslawiens und machte dort vielerlei entsetzliche Erfahrungen, die ich im Einzelnen hier nicht wiedergeben möchte. Doch es waren da auch jede Menge positive Erlebnisse, zu denen auf alle Fälle gehört, wunderbare Menschen kennengelernt zu haben: die unzähligen Helfer. Egal ob Blauhelmsoldaten der UNO oder Angehörige von Nichtregierungsorganisationen. Es hat mich nachhaltig beeindruckt, wie selbstlos diese Leute jenen halfen, die am wenigsten für den Wahnsinn eines Krieges konnten, der Bevölkerung.

Kommen wir zum besagten Kritteln: Von den Helfern mindestens so gefürchtet wie Tretminen und Scharfschützen waren mittelalte deutsche Hausfrauen, die nach 30-stündiger Fahrt im angemieteten Kleinbus voller abgegriffener Kuscheltiere und der besten Freundin auf der Beifahrerseite vor verschlossenen Schranken standen und sich tränenreich darüber beschwerten, von diesen herzlosen Blauhelmen nicht in die umkämpften Gebiete gelassen zu werden. Hatten sie doch den Spendern fest versprochen, ihre mildtätige Fracht direkt vor Ort abzugeben, »um sicher zu sein, dass es auch wirklich ankommt«. Es waren die vielgeschmähten Gutmenschen, die unbedingt helfen wollten, damit aber nur die Helfer am Helfen hinderten.

Dieser Tage drängt sich der Verdacht auf, die allerorten zu beobachtende völkische Flüchtlingshilfe sei ein abermaliger Vorstoß der Allianz der Gutmeinenden. Doch diesmal ist es anders. Aber ist es besser? Fahren wir also fort mit der zynismusbestäubten Krittelei. Der fürsorgliche Empfang der vielen in unser Land strömenden Hilfesuchenden ist ein weiteres Ergebnis der zunehmenden Eventisierung unserer Gesellschaft. Mitmenschlichkeit ist plötzlich cool und angesagt, und – so ist der Deutsche nun mal genetisch gepolt – was viele tun, das will er auch machen. Wir sind ein Volk der Adabeis, neudeutsch »Me-Toos«.

Nun hat sich gar die *Bild*-Zeitung an die Spitze der Bewegung gesetzt. Vor wenigen Wochen noch Marktführer in Sachen populistische Ausländerhetze, hat man es nun geschafft, Werbung auf dem Trikotärmel fast aller Fußballspieler der 1. und 2. Liga machen zu dürfen. Werbung für die menschenwürdige Aufnahme von Flüchtlingen, in erster Linie aber Reklame für sich selbst. Nur einige wenige Vereine hatten die Chuzpe, sich dieser billigen Masche zu widersetzen. Hut ab! Doch wie geht das weiter? Der ZDF-Fernsehgarten live aus dem Asylantenheim? Ein McRefugee bei McDonald's? Eine gemischte Tüte von Haribo namens »Aleppo«?

Aber gut, ich höre ja schon auf zu lästern. Wenn das Massenevent im Dienste der guten Sache steht, ist das großartig. Das war auch schon anders. Und dass so etwas heutzutage kommerzialisiert wird, kann man eh nicht mehr ändern. Oder doch?

September 2015

Ein Hoch auf uns – warum?

Eigentlich waren wir ja nie als heißblütige Feierbiester bekannt. Vor wenigen Jahrzehnten noch wurden Ehrentage und dergleichen in aller Verschwiegenheit und im engsten Kreis der Familie bei Eierlikör, Bowle und Lachsersatzschnittchen begangen. Heute hingegen strebt der Deutsche beim geringsten freudigen Anlass in die Öffentlichkeit und nennt sein ungebührliches Treiben »Event«. Feste, die früher die Mutter mit zwei Tanten vorbereitete, richten heute spezielle Agenturen aus, und sogar Einschulungen werden zelebriert wie einst Bestattungen von Staatsmännern. Kein Wunder, dass Ausschulungen in Form von Abifeiern Ausmaße annehmen wie der Stapellauf der Titanic mit gleichzeitigem Starkbieranstich. Kurzum: Wir haben anscheinend Grund zum immerwährenden Hoch auf uns, doch wir wissen nicht warum. Vielleicht sind ja auch Abgründe unsere Gründe.

Das könnte auch das erklären, was uns nun wieder bevorsteht. Denn – unter uns Brüdern und Schwestern gesagt – habe ich noch niemanden getroffen, der sich auf die nun anstehenden Feiern zum 25. Jahrestag des Mauerfalls wirklich freut. Warum auch. So mancher einstige Zonenzögling wünscht sich die frühere soziale Sicherheit wieder, den meisten Ex-Bundis ist das ganze Thema eh vollkommen wurscht. Außer einigen, die der Zeit des kuscheligen Vormauerberlins hinterhertrauern, als man dort noch nicht versuchte, Weltstadt zu spielen und Kreuzberger Nächte noch wirklich lang waren. Dass aber Umfragen zufolge die allermeisten Wessis noch nicht in Leipzig waren, finde ich nicht verwerflich. Das hat nichts mit Ignoranz zu tun, denn die allermeisten waren auch noch nicht in Bielefeld, was schließlich auch keiner anprangert.

Und damit wären wir bei den Unterschieden zwischen Ost und West. Dass es sie noch geben soll, wird immer wieder in der Presse betrauert, immer mit dem leisen Unterton, dass die Einheit noch nicht wirklich vollzogen sei, die Mauer nicht gänzlich gefallen und dass »wir« irgendwas falsch gemacht haben. Um es mal deutlich zu sagen: Ja, es gibt sie, die Unterschiede, und sie sind gewaltig. Das merke ich jedes Mal, wenn ich rübermache. Aber ist das schlimm? Und wenn, wer sind »wir«, die wir da Fehler gemacht haben sollen? Wenn, dann die Wessis. Denn niemand hatte die Absicht, den Westen dem Osten gleichzumachen, es war umgekehrt. Und siehe da: Es hat nicht funktioniert. Zwar fährt man drüben keine Trabis mehr, legt sich nicht mehr immerzu nackig ins Gefild' und trägt keine mehlschwitzefarbenen Windblusen mehr – doch man ist anders. Man ist anders, ohne noch eine Mauer im Kopf mit sich herumzuschleppen.

Der Grund dafür ist ganz einfach: Mecklenburger waren schon vor dem Zweiten Weltkrieg anders als Westfalen, Brandenburger anders als Bayern und Berliner anders als Holsteiner. Schlicht zwischen Schwaben und Sachsen war und ist eine Gemeinsamkeit auszumachen: die Sprache. Sie erinnert hie wie da an den Hilferuf eines in Kartoffelbrei Ertrinkenden. Ansonsten gibt es überall Unterschiede, genauso wie zwischen Saarländern und Franken, Pfälzern und Hamburgern, Hessen und Rheinländern. Also hört auf mit dieser drögen Ost-West-Spalterei. Und feiert halt, dass die doofe Mauer weg ist. Meinetwegen auch mit einem Event.

September 2015

Deutschland goes wild

Eigentlich müssten ich und meinesgleichen uns ja seit geraumer Zeit diebisch die Hände reiben und in regelmäßigen Abständen in infantiles Gekicher verfallen. Schließlich sind viele Menschen meiner Generation als Erste in der Geschichte dieses Landes auf eine ganz besondere Art sozialisiert und politisiert worden. Als Folge der Errungenschaften unserer Vorfahren, den sogenannten »68ern«, lebten wir in Rudeln zusammen, hatten lange Haare, keine Vorhänge an den Fenstern und keinen Bock aufs Militär. Die Jungs trugen den Duft von Patchouli am Leib und die Mädels keine Büstenhalter, wir fuschelten ständig aneinander rum und boykottierten Kirche und Welt bei jeder sich bietenden Gelegenheit. Unsere Visionen bündelten sich in Forderungen wie »Weg mit allem« oder »Keine Macht für niemanden«.

Das alles ist lange her. Mittlerweile tragen Studienräte Piercings, McDonald's verkauft Bio-Burger, und in Möbelhäusern duzt man sich. Das haben wir zwar so genau nicht gewollt, dennoch müssten wir eigentlich mit der Gesamtsituation zufrieden sein. Die Wehrpflicht ist abgeschafft, der Atomausstieg beschlossen, die gleichgeschlechtliche Liebe mehr oder minder salonfähig. Sogar der Papst zeigt Anwandlungen weltlicher Vernunft. Doch das ist längst nicht alles. Es tut sich noch viel mehr. Und was da geschieht, erinnert viele von uns weniger an die Erfüllung langgehegter Träume, sondern eher an einen ziemlich komischen LSD-Trip.

Die Anfänge vor vielen Jahren muteten ja noch skurril an. Der eine Politiker verscheidet in einer Genfer Badewanne, der andere springt am Fallschirm ins Jenseits. Plötzlich fällt die Mauer. Aus Bonn wird Berlin. Eine Frau aus dem Osten wird Bundeskanzlerin, ein Schwuler wird Außenminister. Keine Atempause, Geschichte wird gemacht. Doch nach und nach läuft alles aus dem Ruder, seit einigen Jahren scheint es gar zu eskalieren. Es begann schleichend. Die Aktien der deutschen Telekom, von Liebling Kreuzberg säuselnd beworben, sind plötzlich kaum noch das Papier wert. Der ADAC, deutschester aller deutschen Vereine, bescheißt seine Mitglieder. Ein deutsches Flugzeug stürzt ab, weil der deutsche Pilot unter Depressionen leidet. Volkswagen, der einzige NS-Betrieb, der dank verlässlicher deutscher Wertarbeit auch nach 1945 seinen Namen behalten durfte, betrügt in größtem Stile. Der Deutsche Fußballbund, einst ebenso Garant für »Made in Germany«, steht unter Verdacht, die WM 2006 gekauft zu haben. Selbst Supersaubermann Beckenbauer wird zur Zwielichtgestalt.

Gleichzeitig wird Deutschland dankenswerterweise zum Einwanderungsland, und die Kanzlerin mutiert über Nacht zur Freiheitskämpferin. Seehofer geht steil. Der Konsum von Bier, dem deutschesten aller deutschen Getränke, stagniert Jahr für Jahr. Die deutsche Wurst, einst Inbegriff der German Pausbäckigkeit, wird immer häufiger aus Soja gemacht, während Dumpfbacken sich zusammenrotten und auf der Straße den Verlust deutscher Werte beklagen und eine Überfremdung just dort, wo kein Fremder hinwill.

Was ist denn eigentlich los hier? Deutschland goes wild. Wenn uns das damals einer prophezeit hätte, wir hätten ihn gefragt, wo es das Zeug gibt, das er da geraucht hat.

Oktober 2015

Paris – Eine Chance für's Leben

Eigentlich gibt es ja nur wenige Orte, die so viele Legenden aufzuweisen haben wie Paris. Ohne lange zu überlegen oder nachzuschlagen, fallen einem auf Anhieb Dutzende Erlebnisse, Erinnerungen oder auch Film- und Buchzitate ein, die das Image untermauern, das die Stadt viele Jahrzehnte ausmachte. »Als wir nach Paris zurückkamen, war es klar und kalt und schön«, steht in einer der berühmtesten Liebeserklärungen an die Stadt an der Seine, dem Roman *Paris – Ein Fest fürs Leben* von Ernest Hemingway. In der Folge beschreibt er seine Zeit im Paris der zwanziger Jahre, wild, versaut, lebensfroh. Sie soffen und sie liebten sich, sie hatten wenig Geld und sie ernährten sich wochenlang von einem billigen Camembert, der so minderwertig war, dass ein abends abgebissenes Stück bis zum nächsten Morgen wieder nachgewachsen war. Man lebte vom Schimmel, und man genoss es. So jedenfalls beschrieb es Henry Miller in *Stille Tage in Clichy*. Miller trieb es wohl noch doller als Hemingway, doch immerhin wusch er sich immer »artig den Schwanz«, bevor er sich zu einer Dame begab.

Paris war Zufluchtsort aller, die anders waren als die anderen. Homosexualität stand nicht unter Strafe, Promiskuität war gesellschaftsfähig, und allerorten gab es Mäzene, die die freien Geister finanziell unterstützten, die berühmteste unter ihnen die hünenhafte Amerikanerin Gertrude Stein. Es war die große Zeit der Bohème. Doch auch später blieb Paris seinem Ruf gerecht. Die Nazis schafften es nicht, die Stadt einzudeutschen, fast wäre man geneigt zu sagen, sie erlagen ihrem Charme. Es folgten die fünfziger Jahre, Paris blieb Paris. Man baute Autos, schön wie die Sünde, und man hatte die Chuzpe, sie »Göttin« zu nennen. Die DS von Citroën.

Man labte sich im Klischee, mit Croissants, Baguettes, Gauloises und Gitanes, Vin rouge, Jazzclubs, Velosolex, Meeresfrüchten und billigen Hotels mit Blümchentapete und Bidet. Das Schöne daran: Es war wahr. Bis Mitte der achtziger Jahre brauchte man nur hinzufahren und ein kleines bisschen Fantasie, und schon erlebte man sie, die Tage im Klischee. »Uns bleibt immer noch Paris«, sagt in *Casablanca* Humphrey Bogart zu Ingrid Bergman. Es stimmte. Paris war geblieben.

Doch dann begann das Bild zu bröckeln. Hotelzimmer, Menüs und Milchkaffee wurden kaum noch bezahlbar, Wohnungen unerschwinglich, selbst Normalverdiener an den Rand der Stadt gedrängt. Das alte Paris existierte bald nur noch in den Köpfen amerikanischer und japanischer Touristen – und neuerdings in denen von Terroristen. Die wollten einen Anschlag auf »den Hort der Sünde« verüben, wie sie sagten. Man möchte sie fragen: »Jungs, wie lange wart ihr nicht mehr da?«

Hemingways *Paris – Ein Fest fürs Leben* erlebte in der vergangenen Woche eine nie für möglich gehaltene Renaissance. Bei Amazon in Frankreich stand es auf Platz eins, in Pariser Buchhandlungen war es ausverkauft. Ausgerechnet durch einen Terroranschlag erinnern sich die Pariser ihrer eigenen Vergangenheit. Vielleicht sehen sie nun sogar die Krise als Chance und machen aus ihrer Stadt wieder ein bisschen das, was sie einmal war. Wenigstens ein kleines Sündenpfühlchen. Das hätten die Terroristen gewiss am wenigsten gewollt. Bonne chance!

November 2015

Ein leises Ploppen bei Thelonious Monk

Eigentlich braucht man zum Kochen ja nicht viele Gerätschaften. Genaugenommen reichen ein Brett und ein Messer, sieht man einmal von Töpfen und Pfannen ab. Damit kann man Braten jedweder Art zubereiten, Nudeln und alle Soßen dieser Welt, man kann jeden erdenklichen Eintopf kochen und natürlich Fische, Wurzeln und Meeresfrüchte. Selbst Milchreis geht. Da drängt sich natürlich die Frage auf, warum die Menschen so viele Gerätschaften besitzen. Womöglich, weil sie in ihren Luxusküchen so viel Platz haben. Wahrscheinlich aber, weil sie sowieso nicht kochen. So merken sie gar nicht, wie viel überflüssiger Tand sie von der eigentlichen Arbeit abhalten würde.

Ich meine übrigens nur manuell zu bedienende Geräte. An Elektrisches will ich gar nicht erst denken. Ich persönlich besitze mehr als ein Messer und ein Brett, das muss ich gestehen. Ich habe in meiner Küche etliche Nägelchen in den Wänden sowie an den glatten Flächen so Saugnäpfchen mit Häkchen dran. Insgesamt ein rundes Dutzend Befestigungsmöglichkeiten, und alle sind sie mit Dingen besetzt. So weit, so gut. Doch nun kommt ein Mysterium.

Unlängst nämlich saß ich beim gerade geöffneten Dornfelder, blies Trübsal und lauschte Thelonious Monk. Da vernahm ich aus der Küche ein leises Ploppen und gleich drauf ein kleines Gerumpel. Dann war Ruhe. Gespenstische Ruhe. Ich ging hinüber und fand auf dem Boden eines jener ansaugnapfbaren Häkchen. Es hatte sich zuvor am Kühlschrank befunden, so viel war klar. Aber was war dran gewesen? Nirgendwo lag etwas. Nicht auf dem Boden, nicht unterm Herd, nirgendwo. Was mag es gewesen sein? Ich sah mich um. Inspizierte all die anderen Gegenstände. Schaumkelle, Suppenkelle, Muskatreibe, Käsereibe, Nudelzange, kleines Sieb, größeres Sieb, Schnellschäler, Trichter, kleiner Schneebesen, größerer Schneebesen. So. Aber was fehlte? Ich zermarterte mir zwei Flaschen Wein lang das Hirn, doch kam auf kein Ergebnis. Was zum Teufel war da mal und ist nicht mehr? Ich vermochte es nicht zu ergründen.

Das Ganze ist nun vier Wochen her, und was soll ich Ihnen sagen? Ich weiß es immer noch nicht. Nicht nur das, ich habe sogar nicht mal die geringste Ahnung. Ich habe in der Zeit circa 20 Mal gekocht, die Küche wurde mehrfach geputzt – nichts. Ich bereitete sogar absichtlich Gerichte diversester Provenienzen und Stilrichtungen zu, stets in der Hoffnung, mal einen Gegenstand zu benötigen, den man nicht jeden Tag braucht. Ohne Erfolg. Alles flutschte und mundete, als wäre an diesem nun leeren Haken nie was gewesen. Manchmal sind es die kleinen Dinge, die einen am Leben schier verzweifeln lassen. Gestern bei Einbruch der Dunkelheit stellte ich die Suche ein.

Sie werden sich nun denken, was will der Herl? Worauf möchte er hinaus? Sie werden grübeln und sich quälen und womöglich – ja nach Gutmenschentumanteil – zu dem Schluss kommen: Bald ist Weihnachten, die Menschen suhlen sich im Überfluss und schenken sich Dinge, die vollkommen unnötig sind. Sollten wir nicht alle ein wenig innehalten? Sind Sie wirklich zu diesem Schluss gekommen? Okay. Wenn Sie meinen. Ich hingegen wollte nur berichten, was mir unlängst widerfahren war. Man kann sich ja auch bei einer Kolumne mal etwas einschränken.

Dezember 2015

Gibt es Gott, oder gibt es Gernhardt?

Eigentlich müssten Menschen doch von Natur aus eher ruhige Wesen sein. Schließlich lebten unsere Vorfahren ausschließlich im Wasser und hatten Kiemen. Lungen und dergleichen entwickelten sich erst später, als einer von uns auf die zweifelhafte Idee kam, an Land zu robben, um fortan dort zu leben. Es muss wohl ein früherer Mario Barth, Adolf Hitler oder Jesus von Nazareth gewesen sein, jedenfalls einer, der Massen zu begeistern vermochte. Denn alle anderen folgten ihm und mutierten mehr schlecht als recht zu Landbewohnern. Ihre ersten Atemversuche müssen fürchterlich gewesen sein. Ein arges Gewürge, Gekeuche und Gekrächze, vergleichbar höchstes mit einer Gesangstalentschau im heutigen Privatfernsehen. Das dürften nicht alle überlebt haben, denn richtig atmen will gelernt sein. Die Verbliebenen allerdings konnten nun nicht nur notdürftig Sauerstoff zu sich nehmen, sie hatten entdeckt, dass sich mit den neuen Organen auch Töne erzeugen ließen. Von nun an ging's bergab.

Zwar lernte man recht schnell, mittels dem Ausstoßen von Lauten eine Form von Kommunikation herzustellen. Doch steht zu befürchten, dass man ebenso rasch dem Trugschluss aufsaß, lauteres Reden verbessere ebenjene. Sicherlich ging man mit dieser zweifelhaften Erkenntnis anfangs noch behutsam um, da man sonst gefährliches Viehzeugs auf sich aufmerksam machte. Spätestens mit dem Aussterben des Säbelzahntigers aber dürften dem tumben Lärmen wohl keine Grenzen mehr gesetzt gewesen sein. Im Laufe der Zeit baute man analog zur technischen Entwicklung immer mehr Geräte, um die klägliche Lautkraft des menschlichen Körpers zu verstärken. Man ersann Pauken und Rasseln, Trommeln und

Tröten, später Lautsprecher, Feuerwerkskörper und Roll-koffer.

Der Krach hat System. Schon in frühester Kindheit fragt uns der Kasper: »Seid ihr alle da?« Ein leichtes Nicken würde genügen, aber nein. Schreien wir nicht laut genug »Ja!«, kräht uns der Vollidiot abermals seine – sowieso rein rhetorische – Frage entgegen. So lange, bis wir uns die kleine Seele aus dem Leibchen plärren. Wen wundert es dann, wenn wir zwanzig Jahre später in lauschigem Mondenschein auf Balkonen sitzen und »Atemlos durch die Nacht« grölen? Wenn uns in idyllischen Hotels am Meer nicht das Plätschern der Wellen und das Zirpen der Zikaden genügen, sondern ein affiger Animateur schier rund um die Uhr sein Unwesen treiben muss? Wenn gerade jetzt kurz vor der Stillen Nacht eine ganze Innenstadt so laut jinglebellt, dass man es vom Mond aus mit bloßem Ohr hören kann?

Nur selten, ganz selten, lässt sich mit Lautstärke Sinnvolles verrichten. So kann man etwa Nazidemonstrationen stören, wie es unlängst den wackeren Streitern des Staatstheaters Mainz gelang. Das ist erlaubt, denn da war Gefahr im Verzug. Prinzipiell sei jedoch immerwährend an das 11. Gebot des unsterblichen Robert Gernhardt zu erinnern, welches da lautet: »Du sollst nicht lärmen!« Doch wer war es, der da meinte, Gebote erlassen zu dürfen – was uns zu der weihnachtlichen Frage führt: Gibt es Gott, oder gibt es Gernhardt?

Dezember 2015

Froher Kleinkragenbärgeburtstag

Eigentlich hatte mein Freund Thomas das Thema »Glauben« schon lange abgehakt. Genau wie ich hatte er die Konfirmation nur wegen der zu erwartenden Geschenke über sich ergehen lassen, um dann bei nächster Gelegenheit aus dem Verein auszutreten, in dem er seit seiner Taufe Zwangsmitglied gewesen war. Fortan fristete er ein freudvolles gottloses Dasein. Die Frage nach dem Woher und Wohin hatte er längst für sich geklärt. Für ihn ist der Mensch, genau wie alles und jedes auf dieser Erde, ein Klumpen Moleküle, der nach dem Tod zerfällt und irgendwann irgendetwas Neues bildet. Auch ich finde es gleichsam spannend und beruhigend, dass Teile von mir vielleicht mal einen Parmaschinken bilden werden, andere ein Geodreieck, ein Kreuzfahrtschiff oder einen Nashornnasenpopel. Das war mir immer Religion genug und Thomas auch. Bis vor drei Wochen.

Thomas hatte nämlich vor fünf Jahren noch mal all seine Moleküle in Bewegung gesetzt und trotz fortgeschrittenen Alters einen Sohn gezeugt. Moritz. Und ebenjener Moritz brachte seinen Vater und dann auch mich in Erklärungsnöte – und zwar mit der simplen Frage: »Papa, gibt es einen Gott?« Was soll man dem Kind nun sagen? Nein, mein Sohn, und außerdem werden Teile von Dir mal ein Kupplungspedal sein? Das kann man nicht machen, befanden Thomas und ich in einer nächtlichen Krisensitzung. Wir zermarterten uns lange die Hirne, bis wir im Morgengrauen nach etlichen Flaschen Wein und diversen Tresterschnäpsen auf die zündende Idee kamen. Kinder brauchen ja Legenden. Also suchten wir wie immer in großer Not in den Lehren der *Neuen Frankfurter Schule* – und wurden fündig. »Über allem steht der große Kragenbär«, beschlossen wir, dem Kinde zu erzählen. Wir taten dies gleich am folgenden Nachmittag und verkündeten außerdem: »Der große Kragenbär hat uns geschaffen, er nimmt uns wieder auf, und für die Vergebung unserer Sünden ist der kleine Kragenbär zuständig. Er ist der Sohn des großen und hat am 24. Dezember Geburtstag. Deswegen feiern wir Weihnachten.«

Das Kind war zufrieden, und wir hatten kein schlechtes Gewissen. Zwar hatten wir das Hobby des Kragenbärs verschwiegen (Sie wissen ja: Der Kragenbär, der holt sich munter, einen nach dem andern ...), außerdem das Kind bewusst belogen. Das mit dem Kragenbär ist Kokolores, und Gott gibt es wirklich und heißt Robert Gernhardt. Doch Ersteres ist nicht jugendfrei und Zweiteres höhere Theologie und einem Sechsjährigen beim besten Willen nicht beizubiegen. Es ist ja auch ein wenig kompliziert

Gernhardt nämlich hatte irgendwo Gott ausgemacht, ihm dann aber flugs seinen Rang in der Nahrungskette zugewiesen. So sprach Gernhardt: »Lieber Gott, nimm es hin, daß ich was Besond'res bin. Und gib ruhig einmal zu, daß ich klüger bin als du. Preise künftig meinen Namen, denn sonst setzt es etwas. Amen.« Somit wäre klar, wen wir anzubeten haben. Das Kind jedoch lassen wir einstweilen in seinem Kragenbärglauben. Wir beschlossen, Moritz die ganze Wahrheit zu erzählen, sobald er in die Pubertät kommt. Also dann, wenn er selbst anfängt, sich munter ... Sie wissen schon. So schließe ich nun, schicke ein herzliches »Grüß Gernhardt« nach Bayern und wünsche allen Kindern einen schönen Kleinkragenbärgeburtstag.

Dezember 2015

Jesus und der Durchfall und ein Pferd und die Lasagne

Eigentlich wäre ja alleine schon diese Pluralbildung ein Anlass für eine Kolumne. Stand doch am Samstag gegen zwölf Uhr auf der Teletext-Seite der ARD geschrieben: »180 000 verdächtige Lasagnen«. Hm. Ich war irritiert. Denn man weiß ja, dass sich die Deutschen traditionell schwertun mit der Mehrzahlbildung italienischer Speisennamen und gerne zur Doppelung neigen. Man denke nur an Zucchinis, Tortellinis, Raviolis oder Scampis. Aber Lasagnen? Ein sprachgelehrter italienischer Freund half mir etwas weiter: Eigentlich sei Lasagne bereits ein Plural, und zwar jener von Lasagna, das sei ursprünglich aber die Bezeichnung für eine Bandnudel gewesen. Der Duden hingegen behauptet, »Lasagnen« zu sagen sei rechtens. Einspruch! Seit das Grimme-Institut das Dschungelcamp für einen Preis nominierte, glaube ich keinen Gremien mehr – zumal der Duden auch den Ausdruck »Pizzen« gutheißt. Käse! Das heißt Pizze! Punkt! Also, liebe ARD, ich verkünde: Von Lasagne gibt es keinen Plural! Das ist wie bei Frühstück, bei Durchfall und bei Jesus.

Und es ist nicht das Einzige, was diese drei Begriffe verbindet. So können ein Frühstück und ein Durchfall durchaus Pferdefleisch enthalten. Bei Jesus hingegen ist die Fachwelt gespalten. So sehr man sich einig ist, dass er übersee gehen konnte, Wasser zu Wein machen und Blinde sehend, so sehr ist man sich in dieser Frage uneins. Dennoch vertreten nicht wenige Theologen die These, Jesus könnte durchaus Pferdefleisch enthalten haben. Einige Radikalexegeten schließen es sogar nicht aus, dass er ein Haflinger gewesen sein könnte.

Dafür sprächen auch Indizien aus der Volkskunst, wie etwa der alte Schlager von Bruce Low »Es hängt ein Pferd im Halfter an der Wand« (oder wie hieß das noch mal?).

Ich weiß ja nicht so recht, aber darauf wollte ich sowieso nicht hinaus. Lieber zurück zum Durchfall. Denn es ist doch sehr viel wahrscheinlicher, dass einen ein solcher ereilt, wenn man nicht Pferdelasagne isst, sondern ein beliebiges, angeblich genießbares anderes Fertigprodukt. Wer einmal – etwa in Haft oder in einer Betriebskantine – gezwungen war, ein »Nahrungsmittel« wie Frühstücksfleisch, Scheiblettenkäse, Fischstäbchen oder Supermarkt-Fleischsalat zu sich zu nehmen, der weiß Bescheid. Da wünscht man sich doch unweigerlich einen kräftigen Durchfall herbei, damit der ganze Scheiß schnell wieder rauskommt.

Aber nee, davon spricht mal wieder niemand. Schnell ist Volkes Seele erzürnt und beschimpft die sogenannte »Fleischmafia«. Dass die uns aber auch so was Böses antut! Doch warum tut dies die Fleischmafia? Nicht aus Fleischeslust, sondern weil sie damit Geld verdienen kann. Und warum kann sie damit Geld verdienen? Weil wir den Dreck fressen, den sie uns liefert. Und weil wir nicht genug davon kriegen können. Und weil wir überall hinrennen, wo das Kilo Gulasch noch drei Cent billiger ist als anderswo. Auf Qualität achtet da niemand. Es sei denn, im Billigfraß werden Spuren von Pferd gefunden. Da sind Ekel und Empörung plötzlich groß. Die Lösung wäre mal wieder gleichermaßen einfach, wie dem Volke unmöglich beizubringen: Weniger Fleisch essen, dafür gutes und teureres. Von mir aus auch Lasagnen. Aber mit Zutaten erster Güte. Und in diesem Fall auch gerne mit Pferdefleischen.

Februar 2013

Am europäischen Wesen soll die Welt genesen

Eigentlich wohnt es dem Wesen des Menschen inne, dass er immer wieder die gleichen Fehler macht. Geschäftsleute fallen immer wieder auf die Schnauze, weil sie sich immer wieder mit den gleichen zwielichtigen Partnern einlassen. Genauso wie Liebende, die sich immer wieder in den gleichen Typus Mensch verknallen, Schluckspechte, die immer wieder der Meinung sind, nach sieben Bier noch fahren zu können, und Heimwerker, die immer wieder denken, man könne die Deckenlampe auch reparieren, ohne vorher den Strom abzuschalten. Der Mensch ist unbelehrbar.

Das wusste auch Helmut Kohl, der ständig aufs Neue mahnte: »Gechichde wiederholt sich immer.« Im Gegensatz zu Norbert Blüms »Die Renden sind sischer« war dies eine weise und wahre Aussage. Bedauerlicherweise. Denn wie recht Kohl hatte, müssen wir im Moment erleben. Und jetzt ist leider Schluss mit lustig.

Die Lage ist ernst. So ernst wie noch nie seit unserer Zwangsentnazifizierung nach 1945. Ich wollte es lange nicht wahrhaben, doch es ist wahr: Ein Deutscher ist ein Deutscher ist ein Deutscher. Und dem Deutschen wohnt Fremdenhass inne, Rassedenken, Eigennutz und Chauvinismus. Da können wir noch so viele Kriege verlieren, noch so viele Völker ausrotten und noch so viele »Andersartige« vergasen – wir lernen nichts daraus.

Man wird mich nun der Schwarzmalerei bezichtigen, von mir aus. Doch ich möchte nicht zu denen gehören, denen hinterher vorgeworfen wird, nichts getan zu haben, nicht gemahnt, nicht gewarnt. Unsere Gesellschaft driftet im Eiltempo nach rechts, menschenfeindliches Gedankengut arbeitet sich vor in die Mitte der Gesellschaft. Oder wie anders ist es zu deuten, wenn sogar ein grüner Oberbürgermeister (wie Boris Palmer in Tübingen) um Rassistensympathie buhlt, indem er fordert, Menschlichkeit zu kontingentieren und die Grenzen Europas mit Waffengewalt zu sichern? Wenn Flüchtlingen bei der Einreise nach Deutschland fast ihr gesamtes Geld abgenommen wird, so wie damals den Juden an der Rampe? Wenn vernünftige mahnende Stimmen vom (großteils noch virtuellen) Mob niedergebrüllt und der Lügen bezichtigt werden? Wenn ernstzunehmende und eigentlich neutrale Politologen im Fernsehen behaupten, die AfD sei keine rechtsradikale Partei, sie habe lediglich einen tiefbraunen Rand? Was soll das denn sein, bitteschön? So etwas wie ein Kinderschänder, der keiner ist, sondern lediglich ab und an pädophile Exzesse auslebt? Wie eine Schwangere, die nicht schwanger ist, sondern nur eine befruchtete Eizelle in der Gebärmutter trägt? Ein bisschen braun gibt es nicht.

Lange hieß es, den Deutschen sei das böse Handwerk gelegt, denn sie seien eingebunden in ein vereintes Europa. Letzteres stimmt. Doch es geschieht, was niemand für möglich hielt: Die Anderen machen mit. Europa einig Vaterland. Europa über alles. Ohne die lästigen Griechen und andere Parasiten, versteht sich. Aber mit Dänen, Schweden, Österreichern, Polen, Ungarn, Franzosen, Italienern und vielen mehr. Und in diesem Punkt irrte Helmut Kohl. Denn das gab es in der Geschichte noch nie: Europa wächst zusammen zu einem rassistischen Konsortium. Und mittendrin als immer mehr treibende Kraft die Deutschen. Wenn das der Adolf noch hätte erleben dürfen …

Februar 2016

Gorgonzola und Mehrzweckhallen

Eigentlich ist es ja meistens in Ordnung, dass wir Menschen uns in unserer evolutionären Entwicklung so weit vom Viehzeug entfernt haben. Schließlich hätten wir sonst kein Internet, keinen Espresso, keine Wahllokale, keine Tampons, keinen Gorgonzola und keine Mehrzweckhallen. Wir würden nicht Eishockey spielen, uns nicht den Darm spiegeln, keine Bierdeckel sammeln und keine Lieder darüber schreiben, noch niemals in New York gewesen zu sein. Denn erstens würden wir überhaupt keine Lieder schreiben, zweitens gäbe es gar kein New York, also könnten wir auch nicht noch niemals dort gewesen sein.

Genauso verhält es sich mit dem Jubeln über steigende Aktienkurse, der Gier auf ein Pistazieneis, der Freude über ein Tor, dem Lustgewinn beim Beträufeltwerden mit heißem Kerzenwachs, dem Standardtanzen, dem wohligen Schauern beim Öffnen einer Flasche Bordeaux oder dem Filetieren eines gegrillten Barsches und dem Wiedererlangen des Führerscheins. All das wäre nicht möglich, denn es gäbe keine Börsen, keine Eisdielen, keine Fußballmannschaften, keine Kerzen, keine Unterhaltungskapellen, keinen Weinbau, keine Fischkutter und keine Ordnungsämter.

Andererseits hat die Menschwerdung auch Nachteile. Wir würden sonst noch Winterschlaf halten, herannahende Sturmtiefs und drohende Überschwemmungen spüren, uns immerzu kraulen und liebevoll lecken, bei Bauchweh die richtigen Kräuter futtern, dank unseres Pelzes oder Federkleids nicht frieren, Schwache schützend in unsere Mitte nehmen, uns ausreichend bewegen, in aller Öffentlichkeit der freien Liebe frönen, ohne schlechtes Gewissen Schnecken essen können, womöglich nachts sehen, vielleicht sogar fliegen oder ohne Sauerstoffgerät tauchen. Wären wir so geblieben, wie wir mal waren, hätten wir keine Flugananas, keine stressbedingten Magengeschwüre und Schweißfüße, keine Volksmusik mit ihren Zwangsmitklatschern, keine Schützenvereine, keine Schränke, die man selbst zusammenbauen muss, keine Unterschiede zwischen Privat- und Kassenpatienten, keine Fast-Food-Restaurants, keine Geländewagen, keinen Scheiblettenkäse, keine Panzer und keine Raketen, keinen Karneval, keine Mieten und demzufolge auch keine Immobilienmakler, keine Chicken Wings aus Soja, kein Silvestergeböller, keine Zwangsfernsehgebühr, keinen Fluglärm und erst recht keine Billigflüge, keine Backautomaten, keine Keilabsätze und keine Eltern, die ihren Kindern schon in der Grundschule einreden, Leistung sei alles im Leben.

Außerdem würden wir uns – ohne darüber klugzuschwätzen – ausschließlich saisonal und regional ernähren, größtenteils sogar vegan, denn wer ein Steak essen wollte, der müsste sich zuerst ein Rind schlagen. Also hätten wir auch kein Welthungerproblem, denn es wäre gar nicht erst entstanden. Zu guter Letzt müssten wir uns nicht rasieren und wären nicht so selbstverliebt, an irgendeinen Gott zu glauben, womit wir der Welt viel Unheil erspart hätten.

All das wäre so, wenn wir uns nicht dazu entschlossen hätten, aufrecht zu gehen und unser Gehirn wachsen zu lassen, auf dass so etwas wie Vernunft hätte entstehen sollen. Und ich, ich hätte mich nicht eine ganze Kolumne lang davor drücken müssen, irgendwas zur AfD und vor allem zu ihren Wählern zu schreiben.

März 2016

Wie tief steigern wir uns noch?

Eigentlich wohnt es dem Menschen ja inne, sich und seine Taten hochzuspielen. So prahlen schon kleinste Wesen damit, besonders üppig Kacka gemacht zu haben. Im fortgeschrittenen Alter werden dann Gliedgröße oder Busenform Gegenstand der Protzerei, noch später Gehalt, Urlaub und BMW. Herbstelt das Leben, rühmt man sich damit, was man im Verlauf dessen alles erreicht hat, und spart dann erst recht nicht mit Übertreibungen. Diese Sich-Aufbläherei ist nur zu natürlich, man kennt das auch aus dem Tierreich. Dort dient sie allerdings dem Zweck, Feinde einzuschüchtern und Sexualpartner anzulocken. Interessant übrigens, dass beides mit den gleichen Methoden verrichtet wird, aber das kennt man ja von James Bond.

Nun sind aber die meisten von uns nachweislich nicht im Dienste Ihrer Majestät unterwegs und plustern sich dennoch auf, als würde der Morgen nie sterben. Warum? Weil es ein ewiger Kreislauf ist, der sich aber – und das ist der Unterschied zu den Balz- und Drohgebaren der Viecher – immer mehr hochschaukelt. Ein liebestoller Ochsenfrosch umturtelt seine Angebetete wie schon vor Jahrtausenden mit seiner aufgepumpten Schallblase. Der Mensch hingegen muss auf der Höhe der Zeit bleiben, möchte er beim Anbaggern zum Ziel kommen. Das gilt nicht nur für die Partnerwahl, sondern zieht sich durch alle Bereiche unseres Daseins. Die Hochstapelei ist schon lange zur Selbstverständlichkeit geworden, wer bei der Wahrheit bleibt, stellt sein Licht unter den Scheffel.

Liebes ZDF, was zum Beispiel veranlasst Dich dazu, eine dreiteilige Filmserie als »Event-Dreiteiler« zu bezeichnen?

Was soll das denn sein? Ihr habt drei formidable Filme mit dem Titel »Ku'damm 56« gemacht. Das ist aller Ehren wert. Aber wo seht Ihr da ein Event? Was sollen wir Zuschauer nun tun? Reicht es, auf dem Sessel vor dem Fernseher zu sitzen und zuzusehen? Oder sollen wir hüpfen, springen, singen, tanzen, johlen, La-Ola-Wellen machen und dann eine Polonaise durch die Nachbarschaft? Dürfen wir nicht ganz normal sitzen bleiben und uns darüber freuen, einen guten Film gesehen zu haben? Ein Dreiteiler wird nicht dreiteiliger, wenn er zum Event erklärt wird.

Warum sollen wir immer höher, schneller und weiter – obwohl das Ende doch längst erreicht ist? Warum werden Fußball-Weltmeisterschaften und Olympische Spiele immer größenwahnsinniger und deswegen nur noch durch Bestechungsgelder möglich? Warum werden Kinder in der Schule ausgelacht, wenn sie im Urlaub »nur« in die Rhön fahren? Warum muss ein ICE fünf Minuten früher in Berlin sein? Warum ein Bier nach Pampelmuse schmecken? Warum ein Turnschuh Kalorien zählen? Warum ein Auto von selbst fahren? Wir sind ja sogar schon so weit, dass wir das Stinknormale wegen seiner Stinknormalität zum Besonderen erklären, als Steigerung davon sogar zum »Hype« adeln. Man denke nur an die Renaissance des Filterkaffees. Die Krönung des Ganzen: Mit dem Internet haben wir ein weltumspannendes, hochtechnisiertes Kommunikationssystem geschaffen. Eine Meisterleistung. Und was tun wir damit? Statt mittels vollständiger Sätze verständigen wir uns mit Bildzeichen wie vor 40 000 Jahren die Cro-Magnon-Menschen in ihren Höhlen. Ich bin gespannt, wie tief wir uns noch steigern.

März 2016

Karl Marley alias Bob Herl

Eigentlich zwitschern die Jungen oft ja gerade nicht so, wie schon die Alten klungen. Der Nachwuchs ist noch neu auf der Welt, er will alles anders machen. In der Regel legt sich das aber mit dem Abklingen der Akne. Was an gesellschaftlich Bewirktem bleibt, sind eher Kleinigkeiten. So ist es nicht sehr wichtig, ob Menschen Pasta essen statt Kartoffeln, Bolognese statt Haschee oder Crème fraîche statt Schmand. Auch die Art der Kaffeezubereitung nimmt im Weltenspiel eine nur untergeordnete Rolle ein.

Und der seit Jahrzehnten größte Umbruch in unserem Lande, veränderte denn wenigstens der mehr? Nun ja. Die sogenannten »68er« lüfteten zwar die Talare und ließen den dort seit tausend Jahren nistenden Muff heraus, sie kopulierten öffentlich außerehelich oder erweckten zumindest den Anschein, sie fuhren schwarz, und sie verbrannten Büstenhalter. Doch in ihren Wohngemeinschaften ging es doch reichlich spießig zu, wie Hinterbliebene heute resümieren. Immerhin konnten auf ihrem Nährboden später »Die Grünen« entstehen, damals eine Protestbewegung. So wurde es möglich, in Turnschuhen ministrabel zu sein, in Parlamenten vollbärtig zu stricken und unrasiert zu stillen, sowie einen Bundestagspräsidenten »Arschloch« zu nennen, wenn auch verbunden mit »Sie« und »mit Verlaub«. Mehr noch.

In einschlägigen Kneipen duzte jeder jeden, man lag baren Busens in Grünanlagen, roch nach fernöstlichen Ölen und besetzte leerstehende Häuser. Und wie die Großeltern fuhr man in Reisebussen nach Amsterdam – allerdings nicht zu Butterkauf und Tulpenblüte, sondern zum Kinderwegmachenlassen. Von den Gewohnheiten der Altvorderen übernahm man darüber hinaus noch das Saufen und das Ketten-rauchen – wenngleich nicht HB und Reval, sondern selbst-gedrehten Halfzware Shag und natürlich sonstiges Kraut aus den Niederlanden.

Viele dieser, sagen wir mal »Errungenschaften«, hielten sich erstaunlich lange. Die letzten verkümmerten erst vor wenigen Jahren – und seither geht es im Eiltempo zurück in die Vor-68-Zeit, nur auf höherem Niveau. An den Unis siezen Stu-denten sich wieder untereinander, und dort eingeschrieben haben sie sich nicht, um eine lockere Zeit zu haben, sondern um möglichst bald Karriere zu machen. Das gilt zumindest für die Männer, denn junge Frauen sind zwar tätowiert wie einst ein Schwerverbrecher, bewegen aber sieben Kinder durch die Städte (zwei im Wagen, eins im Bauch und vier im Kopf), alle von einem einzigen Mann, der früh geheiratet wurde und nun das nötige Geld erarbeitet oder/und geerbt hat. Pubertierende denken bereits an die Rente, und Kräuter werden nicht geraucht, sondern als Smoothie getrunken. Ur-laube werden schon ein Jahr im voraus geplant, selbstredend unter Einbindung der Eltern und Schwiegereltern. Tja, und die Grünen, die kommen daher in Gestalt eines gottesfürchti-gen Spießers wie Winfried Kretschmann oder hängen sich an Spontis wie Volker Bouffier, um einigermaßen prickelnd zu bleiben.

Also, wenn ich mir das alles so anschaue, kommt mir mein seliger Großvater rückblickend wie ein ausgeflippter Rasta-Man vor. Karl Marley alias Bob Herl, gewissermaßen. Also Opa, hörst Du mich da oben, Alter? Bau' schon mal einen. Ich komm' dann auch irgendwann. Dann zieh'n wir einen durch.

April 2016

Ein Fremder in meinem Bad

Eigentlich wollte ich duschen. Das stand mir zu, es war am Donnerstag vergangener Woche, der letzte Tag dieses herbstlichen Hochsommereinbruchs, ich hatte geschwitzt. Also entledigte ich mich meiner Kleidung und warf sie vor die Waschmaschine. Zuvor durchsuchte ich sie noch nach Wertsachen, denn ich hasse es, wenn Münzgeld das Flusensieb verstopft und ich mich dann in eines älteren Herren unwürdiger, widernatürlich gekrümmter Haltung auf dem Fußboden ausbreiten muss, um mühsam dieses hakelige, vollkommen tölpelhaft konstruierte Sieb herauszudrehen und den ganzen Waschschmodder nebst der Münzen zu entfernen, zumal dann jedes Mal einige Liter Wasser herausgeschossen kommen, die ich dann auch noch aufwischen muss. Dass da noch nie jemand etwas Tauglicheres erfunden hat. Beispielsweise ein Flusensieb in Hüfthöhe. Bei Backöfen haben die das doch auch geschafft. Wie mussten sich unsere Vorfahren hinabquälen, ihre Kuchen aus dem Rohr zu holen.

Ich fand dann tatsächlich in der rechten Tasche einer schwarzen Hose einen Cent. Ich war noch nie abergläubisch, legte ihn deswegen auf den Spülkasten der Toilette; er möge mir fortan Glück bringen. Dann stieg ich in die Wanne, drehte das Wasser auf – und sah ihn. Oder besser, ich sah es. Ein kleines, schwarzes Etwas, vielleicht so groß wie eine kleine Kaper, plus Beinchen. Es versuchte behänd, die Wannenwand hinaufzuklettern, was ihm erstaunlicherweise trotz seiner Hektik auch Millimeter für Millimeter gelang. Ich sagte: »Pass' auf, Heini«, und in diesem Moment war mir klar, dass das Etwas »Heini« hieß und somit ein Er war. Keine

Ahnung, wie ich auf den Namen kam – doch er stimmte, denn Heini reagierte, drehte den kleinen dicken Kopf, der auf einem kurzen, wulstig-pelzigen Hals saß, sah mich kurz an, um dann umso emsiger weiterzuklettern. »Du blöder Hund«, sagte ich, »du hast doch jetzt gesehen, dass ich dir nichts will. Warum also Flucht?« Als Zeichen meiner Friedfertigkeit drehte ich das Wasser ab. Heini hielt sofort inne und sah mich abermals an. Und nun? Ich wollte duschen, doch das wäre nur über Heinis Leiche möglich gewesen. Ich suchte das Gespräch. Höflich bat ich Heini, doch in aller Ruhe weiter seines Wegs zu klettern. Doch er blieb und glotzte mich weiter an und schwieg.

Da sitzt also ein fremder Mann in meinem Bad und hindert mich am Duschen. Ich ging ins Wohnzimmer, legte Musik auf und stellte sie so laut, dass Heini das hören konnte. Keith Jarrett, *The Köln Concert*. Wieder bei Heini, fand ich ihn immer noch an gleicher Stelle, doch sein rechtes Vorderbeinchen wippte leicht im Takt. Heini mochte also Jazz. Zwar freute es mich, seinen Musikgeschmack getroffen zu haben, doch brachte mich das nicht weiter. Ich sah nur eine Lösung, zog mich wieder an, klingelte bei der Nachbarin. Die schüttelte zwar den Kopf, gewährte mir jedoch Einlass in ihr Bad.

Frisch gesäubert suchte ich dann noch eine Kneipe auf einige Gläser Wein auf. Spätnachts wieder daheim, fand ich im CD-Player *The London Collection* von Thelonious Monk, in der Spüle ein noch feuchtes Whiskyglas und die Flasche Laphroaig im Regal um etwa ein Drittel leerer vor. Heini war weg. Nachträglich Prost, lieber Heini. Schade, dass Du nicht mehr da warst.

September 2016

Whale Watchers

Eigentlich ist ja vieles viel einfacher, als man denkt. Nehmen wir nur mal das Thema »Diäten«. Was probieren die Leute da nicht alles aus! Mit Trennkost wird herumgedoktert, mit Kohlenhydratfreiem oder mit nur Kohl, und natürlich mit speziellen Produkten einer (natürlich US-amerikanischen) Firma, die moppeligen Menschen versichert, durch den Verzehr ihrer Nahrungsmittel dünner zu werden. Doch solche Unternehmen sind ja nicht doof. Sie wissen, dass sie ihre Kunden verlieren, sobald die dauerhaft abgenommen haben. Nur ein dicker Kunde ist ein guter Kunde.

Also entwickelt man unter Einsatz neuester wissenschaftlicher Forschungsergebnisse Produkte, die schwergewichtige Konsumenten zuerst etwas leichter, anschließend aber umso schwerer werden lassen – um so dem Unternehmen auf ewig erhalten zu bleiben. Man nennt das übrigens Kundenbindung. Um die zu vertiefen, bietet man schließlich auch noch teure Seminare an, in denen die Fettleibigen im Kreis sitzen, sich gegenseitig ansehen und ihrer Dickheit vergewissern. Deswegen heißt die Firma auch »Whale Watchers« – oder so ähnlich.

Dabei wäre es – und da kommen wir wieder zum Punkt – doch so einfach. Wer weniger isst, nimmt ab. Das ist eine schlichte Weisheit von immerwährender Gültigkeit. Als Beweise für ihre Richtigkeit bieten sich Hungersnöte an. Oder wer war denn fett im Deutschland der mageren Jahren gegen Ende des Zweiten Weltkrieges? Niemand, außer Göring und dessen Konsorten. Oder man stelle sich ein Dorf in einem afrikanischen Dürregebiet vor. Nichts zu essen, kein Wasser, alle sitzen sie darbend da. Dünne, ausgemergelte Gestalten, nichts als Haut und Knochen – mittendrin aber prangt ein feister Mops, der sagt »Ich kann machen, was ich will, ich nehme nicht ab.«

Das ist, sagen wir mal, eher unwahrscheinlich. Es bedarf doch einer nur sehr geringen Denkanstrengung, um sich zu überlegen, dass ein Körper, dem weniger Energie zugeführt wird, als er benötigt, recht bald an seine eigenen Reserven geht – nämlich ans Fett. An die Wampe, die Hüften, den Hintern, das Doppelkinn. Um darauf zu kommen, muss man keine Fachleute konsultieren, sogar Google, das Medium für Allesglaubende, ist da überflüssig. Es genügt das Einschalten einer Gabe, die wir alle von Geburt an tief ins uns tragen, die aber immer mehr zu verkümmern scheint: der gesunde Menschenverstand.

Das ist eine Fähigkeit, der man ohne Wenn und Aber schlicht und einfach und auf Anhieb vertrauen kann. Man muss nicht lange suchen, wie viele Likes oder Sternchen sie hat, braucht keine Erfahrungsberichte zu lesen oder Leute zu fragen, die schon immer alles besser gewusst haben. Man muss nur mal kurz in sich hineinhören, und schon weiß man Bescheid. Und tut man das, wird man schnell merken, dass dieses Verfahren für alle Situationen des täglichen Lebens taugt und scheinbar schwierige Fragen schnell beantwortet. Einige einfache Beispiele: Leben wir in einem Wohlstandsland? Wie soll ich mich gegenüber Menschen verhalten, denen es schlechter geht als mir? Will ich wirklich eine Partei wie die AfD an der Macht sehen? Und, um abermals zum Anfang zurückzukommen: Wem soll ich mehr vertrauen? Der Werbung, der Bewertung im Internet – oder meinem Gefühl?

Oktober 2016

Mein Auto bei Orlando und ich bei Tallahassee

Eigentlich schreibe ich ja ungern über ein Thema, das alle anderen auch gerade beackern. Warum also mal wieder über die USA? Weil in mir gerade viele Erinnerungen aufwallen, von denen ich Ihnen eine nicht vorenthalten möchte:

Viele Jahre ist es her, ich war auf Dienstreise in Miami. Da erreichte mich der Anruf jener Zeitschrift, für die ich damals arbeitete. Ich solle doch mal hochfahren in den Norden, dort seien schon wieder deutsche Touristen ermordet worden. Das war in der Zeit schon mehrfach passiert, viele hatten gar wegen dieser Überfallserie ihre Reise nach Florida storniert. Ich solle dort schon mal recherchieren, ein Kollege aus New York sei unterwegs, der löse mich dann ab.

Ich also ins Auto, hoch in den Norden, in die Nähe von Tallahassee, Fahrzeit etwa sieben Stunden. Ich hatte es eilig. So erblickte ich etwa auf der Höhe von Orlando im Rückspiegel die bekannten rot-blauen Blinklichter, von deren Aufleuchten man selten Gutes zu erwarten hat. Ich hielt an, legte die Hände aufs Lenkrad, so wie es nun mal anzuraten ist, wenn man nicht in verlötetem Gehäus' zurückfliegen möchte. Ein (klar, was sonst?) hünenhafter Sheriff schlenderte herbei, begehrte meine Papiere und stieß erfreut aus: »Germany? Great, man. Autobahn!« Ob das denn wirklich stimme, dass man in Deutschland so schnell fahren kann, wie man will. Ich nickte so emsig, als könnte man in Deutschland doppelt so schnell fahren, wie man will, denn ich versprach mir davon eine Hafterleichterung, wenigstens aber Strafminderung.

Warum ich denn so hurtig unterwegs sei, fragte der Sheriff, nun schon deutlich zutraulicher. »German reporter? Great, man«, sagte er dann, und ja, es sei fürchterlich, was Touristen da gerade passiert, und er stieß eine Reihe fürchterlichster Schimpfwörter aus, gemünzt auf die vermeintlichen Täter. Ja, er habe auch gehört, dass im Norden schon wieder was passiert sei, und wisse ich was? Er habe sich eh überlegt, da mal hinzufahren und sich das anzusehen. Ich solle doch mein Auto stehen lassen und bei ihm einsteigen. Das tat ich denn auch. Er meldete sich per Funk ab, sagte noch seinen Kollegen, es sei okay, dass da ein Ford am Rande des Highways steht, schaltete seine Sirene an und brauste los. Es war ein unterhaltsamer Ritt, vierhundert Kilometer lang. Ich durfte sogar rauchen, wir plauderten nett, ich meine, sogar irgendwann behauptet zu haben, dass man in Deutschland siebenmal so schnell fahren kann, wie man will.

Am Tatort angekommen, begrüßte er freudig seine Kollegen, stellte mich als »good ol' friend Michael from Germany« vor, ich erhielt Kaffee und Donuts aus dem polizeilichen Cateringmobil und Informationen aus erster Hand. Nach etwa zwei Stunden meinte George, wie mein alter guter Freund hieß, er müsse nun wieder zurück, er sei schließlich im Dienst. Er versicherte mir noch rasch, dass ich ein wirklich guter Kerl sei, stieg in sein Auto und raste davon. Da stand ich nun. Mein Hotel in Miami, mein Auto bei Orlando und ich bei Tallahassee. Am Abend löste mich der Kollege aus New York ab, ich mietete mir ein zweites Zimmer und am nächsten Morgen ein zweites Auto und fuhr wieder nach Süden. Merklich langsamer – und um eine Lektion in Sachen Land und Leute reicher.

November 2016

Wie viel Wohlstand denn noch?

Eigentlich ist es ja eine feine Sache, wenn Ungleichheiten zwischen Menschen verschwinden. Nehmen wir mal die Butter. Vor nicht mal fünfzig Jahren war sie noch ein Privileg für Reiche. Arme buken ihren Kuchen mit Margarine, außerdem mit Kunsthonig, künstlicher Vanille, chemisch hergestelltem Rumaroma und Persipan, einem Marzipanersatz aus Aprikosenkernen statt teurer Mandeln. Ab Anfang der siebziger Jahre gab es »Weihnachtsbutter«. Der sogenannte »Butterberg« der europäischen Wirtschaftsgemeinschaft wurde zu groß und deswegen an den einfachen Bürger verschleudert. Jedermann hatte jährlich Anrecht auf vier Päckchen à 250 Gramm.

Heute gibt es Butter für alle. Und nicht nur das. Echter Bohnenkaffee wird literweise getrunken, Lachs ist billiger als einst ein schnöder Hering, kaum einer greift noch zu dem grellrot gefärbten Ersatz aus Kabeljau. Jeder beliebige Aldi sieht heute aus wie früher die Feinkostabteilung im KaDeWe. Champagner kostet so viel wie früher Sekt, Sekt so viel wie früher Limonade und Limonade kaum noch mehr als das Flaschenpfand. Argentinisches Rinderfilet ist billiger als deutsches Schweinekotelett zu Omas Zeiten. Übers Wochenende fliegt Max Mustermann nun nach Barcelona und fährt nicht mehr mit dem Bus ans Deutsche Eck, zum Saufen macht er in die Schinkenstraße in Palma statt in die Drosselgasse in Rüdesheim, und seinen Urlaub verbringt er in der Karibik und nicht mehr am Gardasee.

Sogar über die Sonnendecks der Kreuzfahrtschiffe schlappen mittlerweile Jogginghosenträger und grölen Stimmungslieder. Bayerische Politiker heißen nicht mehr Franz Josef

Strauß sondern Horst Seehofer, und Prominente nicht mehr Gracia Patricia sondern Daniela Katzenberger. Sie sind also ganz normale Kleingeister geworden und unterscheiden sich in nichts mehr von unseren Nachbarn. Flat-Screens in deutschen Wohnzimmern sind so groß wie fünf Fernseher in den Fünfzigern, so manche Heimmusikanlagen kaum leiser als die Verstärker in Woodstock. Zum Telefonieren muss niemand mehr raus in den Flur oder gar runter in die Zelle, und auf den Straßen fahren fast nur Neuwagen. Rostbeulen sieht man kaum noch. Geschirrspüler haben fast alle, Putzfrauen sehr viele. Selbst Neurosen und Nahrungsmittelallergien sind kein Privileg mehr für die oberen Zehntausend, sie verkommen eher zu Volkskrankheiten.

Doch halt, es gibt sie noch, die wirklich Wohlhabenden. Um das zu beweisen, stattet ein Privatsender eine Proletenfamilie mit üppigen Spesen aus, schickt sie mit angeblich eigener Yacht in die Südsee und lässt sie dort sich aufführen wie Kleti und Pleti in Wanne-Eickel, fremdenfeindliches Genöle inklusive. Schauet her, die Reichen sind Leute wie du und ich.

So wie das alles aussieht, leben wir also in Saus und Braus. Die angeblich fette nachkriegsdeutsche Wirtschaftswunderzeit mit all ihrem Überfluss erscheint uns im Rückblick wie eine Hungersnot. Bleiben sechs Fragen: Warum sorgen wir uns eigentlich dennoch ständig um unsere Existenz? Wie viel Wohlstand wollen wir denn noch? Und: Sind wir wirklich alle gleich, oder machen wir uns da was vor? Oder macht man uns da was vor? Oder denkt tatsächlich, wer genug zu fressen hat, an nichts anderes mehr und erst recht nicht an die Moral?

Januar 2017

Menschenrechtsabgabe

Eigentlich ist es doch eine schöne Sache, wenn viele Menschen einem einzelnen helfen, wenn der in eine Notlage gerät. Man hat für diesen Fall den wohlklingenden Begriff »Solidargemeinschaft« geschaffen. Beispiele dafür gibt es viele. Von spektakulären hört man regelmäßig, wenn zum Beispiel irgendwo einer Familie das Haus abbrennt und die Nachbarn Kleidung, Möbel und Spielsachen für die Betroffenen herbeischleppen. So etwas funktioniert umso besser, je unmittelbarer die Menschen ein Unglück anderer erleben. Je anrainiger der Nachbar, umso mehr Kuscheltiere macht er locker. Andere Modelle dieser Solidargemeinschaft funktionieren nach einem ähnlichen Prinzip. Das ist allerdings vollkommen anonym und hat mit Nächstenliebe überhaupt nichts zu tun. Hierbei zahlen vielen Menschen schlicht aus Gründen des Eigennutzes in einen Topf, um geschädigten Einzelnen zu helfen. So funktionieren zum Beispiel Versicherungen. Bei der Kfz-Haftpflicht zahlen direkte Nachbarn eines Betroffenen manchmal mehr als andere. Derjenige, bei dem es häufig rumst, muss mehr berappen als jemand in einem weniger unfallträchtigen Landstrich. Der umsichtige Automobilist muss für die Raser aufkommen, nur weil er in deren Nähe lebt. Das erscheint ungerecht, doch so ist nun mal die Welt.

So müssen alle deutschen Bürger monatlich knapp 18 Euro zahlen für etwas, das sie womöglich gar nicht in Anspruch nehmen, nämlich Fernsehen und Radiohören. Zur Zeit flimmern unaufhörlich von mir mitfinanzierte Übertragungen von trögen Wintersportveranstaltungen über den Bildschirm, obwohl die mir vollkommen am Boppes vorbeigehen. Ein Widerspruch wäre sinnlos, das haben Gerichte bereits entschieden. Gleiches gilt für den immer noch zu leistenden Zwangs-»Solibeitrag« für den Wiederaufbau der neuen Bundesländer. Was gibt es denn da noch (außer der Mauer) wiederaufzubauen?

Was also tun? Ich weiß was. Machen wir die Welt gerechter, indem wir uns das System der Ungerechtigkeit zunutze machen. Das Zauberwort lautet »Menschenrechtsabgabe«. Solibeitrag abschaffen, Fernsehen die Fernseher zahlen lassen und stattdessen eine Zwangsgebühr einführen zur Finanzierung eines menschenwürdigen Lebens für alle. Einige Ideen: Bau großzügiger Wohnmöglichkeiten für Flüchtlinge und deutsche Bedürftige, funktionierende Betreuungseinrichtungen, Deutschkurse für Aus- und Inländer, Ausbildungs- und Arbeitsplätze schaffen für alle, ohne Ansehen von Herkunft und Staatsangehörigkeit, Rekultivierung dünn besiedelter Landstriche. Sprich: Lebensperspektiven schaffen für jeden, blühende Landschaften für alle.

Zu teuer? Nicht, wenn man wirklich will. Außerdem könnte der Topf auch durch andere Maßnahmen gefüllt werden. Mit Strafzahlungen von Fußballvereinen für rassistische Äußerungen ihrer Anhänger – und zwar nicht an den DFB, sondern in den Menschenrechtstopf. Oder bei Verurteilung fremdenfeindlicher Hohlköpfe. Einmal Hitlergruß – 1000 Euro in den Topf. Und wenn wir schon dabei sind: Machen wir es doch wie bei der Kfz-Steuer. Wo es häufig rumst, wird es teurer. Bewohner von Orten mit erhöhter neonazistischer Kriminalität zahlen eine höhere Menschenrechtsabgabe. Wie gesagt: Man nutze das Prinzip der Ungerechtigkeit. Wenn's hilft …

Februar 2017

Wannseekonferenz in Koblenz

Eigentlich ist doch schon alles über Donald Trump gesagt, oder? Ich saß lange und überlegte. Doch außer »Er sieht aus wie Robert Redford nach einer Hässlichkeitsoperation« fiel mir nichts Originelles und schon gar nichts Kluges ein. Zeitungen, Magazine und Fernsehsendungen widmen sich doch kaum einem anderen Thema mehr, fremde Menschen reden beim Bäcker, im Bus oder beim Arzt über den Mann, bald plappern Kleinkinder als viertes Wort nach Mama, Papa und Auto auch noch »Trump«. Doch halt. Ich könnte vielleicht eine Frage stellen. Sie lautet: Ist das gut?

Ja. Schon vor Monaten behauptete ich an dieser Stelle, ein Sieg des wirren Rotschopfs könne eine Chance für die USA sein und somit auch für uns – und zwar nicht nur für unsere Kabarettisten und Karikaturisten. So ist es gekommen. Trump weckt auf, nicht nur das, er rüttelt selbst die letzte Schlafmütze aus der lähmenden Selbstgefälligkeit. Doch er sensibilisiert auch. Wann hat Politik zum letzten Mal so viele Menschen bewegt? Schon jetzt, wenige Tage nach seinem Amtsantritt, trieb er weltweit Millionen auf die Straßen. Hut ab, reife Leistung, Herr Trump. Vor allem in den USA war dies bitter nötig, blickt doch dieses Land auf eine jahrzehntelange Protestkultur zurück, die gewaltige gesellschaftliche Veränderungen errang. Frauen, Homosexuelle und Schwarze sind zwar noch längst nicht gesellschaftlich so akzeptiert, wie es sein sollte, doch befänden sie sich ohne die Protestbewegungen noch auf dem Stand der frühen sechziger Jahre.

Und doch droht nun ein Rückschritt, und das lässt die Leute aufführen. Das möge sich hoffentlich so fortsetzen und noch verstärken – notfalls auch mit Gewalt, und das schreibe ich ganz bewusst. Es kann sein, dass Autos brennen müssen, Schaufenster zersplittern und Fäuste fliegen. Denn es ist nicht mehr fünf vor zwölf, sondern weit danach. Auch gilt nicht mehr die Mahnung »Wehret den Anfängen«, denn darüber sind wir längst hinweg.

Wir. Also nicht nur die Menschen in Nordamerika, sondern auch wir. Kein Zufall, dass sich kurz nach Trumps (ich wollte gerade schreiben »Machtergreifung«, wie ich wohl darauf komme?), also kurz nach Trumps Inauguration die führenden Braunen Europas zum Austausch trafen. Frauke Petry, Marine Le Pen, Geert Wilders und Matteo Salvini saßen feixend in Koblenz zusammen, eine Art Wannsee-Konferenz der Neuzeit. Und ein Björn Höcke entblödete sich nicht, das Berliner Holocaust-Mahnmal als »Denkmal der Schande« zu bezeichnen. Sie wittern Mittagsluft, denn die Morgenluft haben sie ja bereits genießen dürfen.

Ich weiß nicht mehr, wer es war, doch einer der unzähligen Experten, die dieser Tage im Fernsehen zu Wort kamen, bezeichnete Donald Trump als Faschisten. Ich schreckte hoch. Endlich sagt es mal einer. Endlich traut sich einer. Trump ein Faschist. Ein verwirrter Großmannssüchtiger, der Unwahrheiten als Wahrheiten verkauft, ganze Bevölkerungsgruppen als unwert bezeichnet und sich in einem unheilvollen Nationalismus verstrickt, das hatten wir doch schon mal. Gerade wir als Deutsche müssen mahnend auf diese Tendenz hinweisen. Doch deswegen ist es auch unsere Pflicht, nicht nur mit dem Zeigefinger über den großen Teich zu deuten, sondern auch bei uns genau hinzusehen. Es ist wichtiger denn je.

Januar 2017

Alles Fake

Eigentlich schön – auf den ersten Blick. Eine junge Frau in einem Strandkorb direkt am Meer, Sonnenuntergang, Windgesäusel, Wellengeplätscher, sanfte Musik. Romantik pur. Doch keine Rose ohne Dornen. Bei näherem Hinsehen ist die Frau eingekleidet wie aus einem Neckermann-Katalog aus dem Jahr 1982 und im gleichen Stil frisiert. Dann zieht die Kamera auf, man sieht einen weiteren Strandkorb. Darinnen kauert ein Kind, blond, vielleicht drei Jahre alt. Es stiert zu der Frau, vermittelt den Eindruck, als habe man ihm gesagt: »Wenn du zwanzig Minuten stillhältst, kriegst du ein Eis.« Dann löst sich die Situation auf, die Frau beginnt zu singen, von der Liebe und von Treue. Das Kind hält immer noch still. Wie lange noch? Ich weiß nicht, ob die Vernunft siegte oder das Eis, denn ich schaltete ins nächste Programm.

Klar, logisch, deutsches Fernsehen, eine der vielen Schlagersendungen. Das stimmt. Aber ist es nicht noch schlimmer? Vielleicht sogar Fake-Entertainment, um mal ein neues Wort zu erfinden. Das Kind war womöglich von einer Agentur, die Sängerin besitzt eigentlich ein Nagelstudio im Hunsrück, die Strandkörbe standen im Studio, Musik und Gesang kamen aus dem Computer, ebenso das Wellenplätschern und die Hintergrundbilder von Sonne und Meer. Was sagt uns das? Fake ist keine neue Erfindung.

Schon Eva reichte Adam einen Fake-Apfel, wenn man das glaubt – womit wir bei den größten Fake-Verbreitern der Weltgeschichte wären, den Religionen. Sie verkaufen etwas für wahr, was noch niemand beweisen konnte, nämlich die Existenz eines Gottes, egal welchen Namens. Die Freiheit dieser Fake-Verbreitung steht sogar im deutschen Grundgesetz, was übrigens niemanden davon abhielt und -hält, Juden zu brandmarken oder neuerdings Muslime. Fake as usual, und alle machen mit. Ganz weit vorne ist die Werbung. Alle wissen, dass dort gestunken und gelogen wird, und dennoch fallen wir darauf herein, sei es im Unterbewusstsein. Oder würden Sie eine Wurst kaufen, auf der statt eines idyllischen Gehöfts eine Schlachtfabrik in einem Gewerbegebiet abgebildet ist? Nein.

Wir lechzen doch förmlich nach dem Fake. Wir spielen an Weihnachten heile Familie, wir essen »Cevapcici« genannte Sojaklopse, wir fahren umweltverpestende Autos, die uns als schadstoffarm verkauft wurden, und wir fressen Light-Produkte, die uns vorgaukeln, dünner zu werden, uns in Wahrheit aber fetter machen. Wir wissen das, doch wir vertrauen lieber den Fakes. Zu den Anfangszeiten der Handys konnte man sich von einer Agentur anrufen lassen, um Wichtigkeit und Beliebtheit vorzutäuschen. Heute gibt es Facebook, da kann jeder unzählige Fake-Freunde um sich scharen und selbst daran glauben, gemocht zu werden. Kann man das Love-Fake nennen? Oder gleich den ganzen Humbug Fakebook?

Unser gesamtes Dasein beruht auf Lug und Trug. Das ist schlimm. Doch man kann es erträglicher machen, indem man genau hinsieht – und mal wieder den gesunden Menschenverstand einschaltet. Man nennt das übrigens auch »Gefühl«, neuerdings von mir aus auch »Bauchgefühl«. Übrigens: Auch ich habe Ihnen eine Lüge aufgetischt. Ganz am Anfang schon. Eine Rose hat nämlich keine Dornen, sondern Stacheln. Eine Fake-Redensart. Widerlich, dieser Volksmund.

März 2017

Integration und Dosenravioli

Eigentlich könnte man meinen, wenn ein Thema nicht mehr diskutiert wird, hätte es sich erledigt. Das war beim Wegfall der Badekappenpflicht in Schwimmbädern so, bei der Gurtpflicht und beim Rauchverbot. Jedes Mal wurde laut und vehement dafür und dagegen aufbegehrt, die Bürger disputierten heftig, Kommentatoren schrieben kontrovers. Langsam aber wurden Lob und Hader leiser, verstummten schließlich ganz. Nun wird wallenden Haares geschwommen, gegurtet gefahren und abgeschieden gequalmt. Die drei Themen haben sich in der Tat weitestgehend erledigt, wurden trotz anfänglichem Gezeter zum allseits akzeptierten gesellschaftlichen Konsens.

Ähnlich scheint es so langsam beim Thema Integration zu werden. Sie wird nur noch von konservativen Kreisen erwähnt. Immer wenn sie nicht mehr recht weiterwissen, muss ihr angebliches Fehlen als Argument herhalten. So wie unlängst beim Referendum in der Türkei. Wer sich als »Deutschtürke« (allein schon dieser Begriff ist die Weigerung, andere zu integrieren) für mehr Macht für Erdoğan entschied, galt automatisch als niederer Integrationsverweigerer. Hier im warmen Nest der Demokratie sitzen und dort den Despoten wählen. Pfui! Dabei waren die deutschen Erdoğan-Anhänger doch ein Musterbeispiel für Integration. Taten sie es doch wie die selbsternannten Musterdeutschen von der AfD. Sich in der Oase der Meinungsfreiheit suhlen und gleichzeitig deren Trockenlegung fordern. Hornochsigkeit höchsten Grades.

Bei politisch Andersdenkenden hingegen ebbte die Debatte um Integration ab. Warum? Weil sie sich im Kreis zu drehen schien? Weil's eh nichts bringt? Dabei ist das Thema längst nicht erschöpfend behandelt. Außer pubertärem Gekrähe nach einem Schweinefleischzwang an Schulen und kabarettistischem Gespöttel über die Frage, was deutsche Leitkultur sei, kam nicht mehr viel. Integration solle halt gelebt werden, und zwar von beiden Seiten – basta. Das geht mir nicht weit genug. Wir müssen zu der Erkenntnis gelangen, dass Integration schlicht und einfach Quatsch ist. Sich integrieren heißt sich anpassen, und Anpasser sind das letzte, was wir in Deutschland brauchen. Integration kann bestenfalls auf einen Konsens reduziert werden, der überall gilt, wo Menschen miteinander leben. Unabhängig von politischen Grenzen und religiösen Konventionen. Integration heißt demnach schlicht: Den Mitmenschen helfen, ihnen nicht wehtun und ihnen ihre größtmögliche Freiheit lassen. Auf diese drei Punkte ließen sich alle Grundgesetze dieser Welt herunterbrechen, meinetwegen auch die zehn Gebote der Scheinheiligen.

Und da man seinen Nächsten behilflich sein soll, am Schluss noch ein kleiner Wink für erste Schritte zu gelungener Integration. Unlängst hörte ich einen dummen deutschen Wurm jammern, wegen der vielen Ausländer sei er arm und deswegen genötigt, bei Aldi Dosenravioli zu stehlen. Deswegen ein kleiner Hinweis an mittellose Neubürger: Hört nicht auf den Deppen, er verbreitet billige Lügenpropaganda. In Wahrheit ist er schlicht nicht in der Lage, sich in unser Wirtschaftssystem zu integrieren. Niemand wird nämlich in Deutschland dazu gezwungen, bei Discountern schlechtes Essen zu klauen. In vielen Kaufhäusern gibt es wunderbare Feinkostabteilungen.

Mai 2017

Tretbootvermieter sind potentielle Mörder

Eigentlich muss man nur mal wieder den Volksmund zu Rate ziehen. Für besonders trockene und knapp gehaltene Weisheiten ist der hessische bekannt. Eine lautet: »Sowas kommt von sowas«. Gemeint ist: Was stellt ihr euch denn so an, es war doch klar, dass das geschieht. Jou, hinterher ist man immer schlauer. Das entschuldigt aber nicht eine vorherige Blindheit. Man nehme doch nur einmal dieses momentane Getue um rechtsradikales Gedankengut in der Bundeswehr. Mit Verlaub gefragt: Wo sonst soll man denn ein solches vermuten, wenn nicht dort? Im Molkereigewerbe? Bei Kirmesbeschickern oder in der Hotellerie?

Sagte Tucholsky etwa »Tretbootvermieter sind potentielle Mörder«? Oder Obstschnitzer? Oder Küfer? Nö. Er sprach von Soldaten. Dieses Zitat ist natürlich umstritten. Ich siedle es eine Stufe tiefer an und wandele es ab in »Jeder Soldat ist ein potentieller Nationalist.« Klar, nicht jeder ist ein Neonazi, doch unumstritten dürfte sein, dass er tendenziell näher dran ist als Angehörige oben erwähnter anderer Berufsgruppen. Zumindest ist er, bedingt durch Struktur und Traditionsbewusstsein einer Armee, empfänglicher für rechtes Gedankengut.

Bevor nun das Gezeter losgeht, schauen wir doch mal näher hin (damit sich das Gezeter auch lohnt). Also: Was spielt sich denn so ab in so einem Verein, also auch in der Bundeswehr – und muss das alles sein? Mal ganz abgesehen von Ungeheuerlichkeiten, wie dass Kasernen immer noch nach Wehrmachtsschergen benannt sind, bieten doch schon ganz normale Gepflogenheiten Anlass zu starker Skepsis. Warum zum Beispiel werden Staatsgäste immer noch »mit militärischen Ehren« empfangen? Mit Spalierstehen und Tschingderassassa? Was soll denn dieser wilhelminische Anachronismus? Und warum muss bei Staatbegräbnissen geschossen werden? Was hat denn das eine mit dem anderen zu tun? Warum öffentliche Vereidigungen mit Trommelwirbel im Fackelschein? Fragen wir doch mal einen ehemaligen KZ-Insassen, welch fürchterliche Erinnerungen da in ihm hochkommen. Und warum müssen alle die gleiche Kleidung tragen? Das mag vor hundert Jahren sinnvoll gewesen sein, damit man im Feld nicht versehentlich den eigenen Kameraden erdolchte. Heute nennt man so etwas »Friendly Fire«, und das verhindert auch keine Uniform.

Und warum ein Gleichschritt? Menschen kommen doch auch hurtig voran, wenn jeder geht, wie er will. Warum diese tumbe Befehlshörigkeit? Sollte man Entscheidungen, die alle betreffen, nicht auch gemeinsam diskutieren? So lernen wir es doch schon im Kindergarten. Warum diese straffe Struktur? Haben sich in modernen Unternehmen nicht flache Hierarchien als sinnvoll erwiesen, weil sie den Einzelnen motivieren? Oder ist das bei einer Armee gar nicht gewollt? Wird dort die Individualität eines Menschen systematisch gebrochen? »Bürger in Uniform« ja, aber mündig darf er nicht sein? Treu und doof dem Vaterland dienen und ansonsten das Maul halten? Willige Massen sind empfänglich für geistigen Unrat, das wissen wir in Deutschland am allerbesten. Bei der Bundeswehr nennt man Schwarmdumpfheit übrigens »Korpsgeist«. Auch wieder so ein Ausdruck aus dem NS-Museum. Diesen gestrigen Haufen zu ändern, das ist hartes Kommissbrot. Wohlan, Frau von der Leyen.

Mai 2017

Der Dream Catcher

Eigentlich mag ich keine Hörbücher. Ein Buch möchte ich in der Hand halten, in ihm blättern und Lesezeichen hineinstecken können. Und riechen möchte ich es können. Es hängt wohl mit meinem Beruf des Schreibers zusammen, aber ich liebe den Geruch von Papier und von Druckerschwärze. Er ist mir fast so teuer wie der von Würsten in dampfenden Kesseln bei einem Schlachtfest oder der von knusprigen Baguettes in einer französischen Boulangerie oder der vom frischen Schweiß einer Geliebten. Es ist ein sinnlicher Geruch. Wissen Sie, was ich meine? Gehen Sie doch mal in eine Buchhandlung und riechen sie. Ich wage nicht, mir auszudenken, wie widerlich es in einem Laden stinkt, der nur Hörbücher führt. Ähnlich fürchterlich finde ich übrigens auch diese elektronischen Lesemaschinen. Ich betreibe ja auch keinen Cybersex.

Ich mag also keine Hörbücher. Aber ich kann ja auch noch sehen. Michael Ballhaus konnte es nicht mehr. Er. Der übergroße Kameramann. Der Bilder schaffen konnte wie kaum ein anderer, auf der Leinwand und in den Köpfen. Der durch schlichtes Lichtsetzen die Schauspieler in neue Dimensionen zu versetzen wusste. Der dem Begriff des Dream Catchers eine neue Bedeutung verlieh, indem er Träume fangen und sie für andere sichtbar machen konnte. Dieser Mann verlor in den letzten Jahren seines langen Lebens sein Augenlicht. Ausgerechnet! Das Schicksal ist manchmal ein Hinterfotz und denkt sich Schläge aus, die wirklich nicht nötig gewesen wären. So, als wollte es auch mal ein bisschen Hollywood spielen. Sollte es so gewesen sein, war es ein Scheiß-Film, den es da gedreht hat. Ich kannte Ballhaus nicht persönlich, könnte mir jedoch vorstellen, dass ihm so ziemlich jedes andere Gebrechen lieber gewesen wäre als der Verlust seiner Sehkraft.

Michael Ballhaus starb vergangenen Mittwoch, er wurde 81 Jahre alt. Die *Tagesthemen* strahlten am Abend einen Nachruf aus. Zuerst das Übliche, wie man das so macht. Mir wem Ballhaus gearbeitet hat, welche Filme er drehte, natürlich der legendäre 360-Grad-Schwenk, der »Ballhaus-Kreisel«. Dann aber, zum Ende des Beitrags, ein kurzer Ausschnitt aus einem Interview. Es ging um Ballhaus' Erblindung. Seither habe er Hörbücher schätzen gelernt, sagte er darin. Und dann: »... dadurch kompensiere ich ...«, er machte eine Pause, schluckte, überlegte, womöglich ob er dies wirklich sagen solle, fuhr dann aber fort: »... meine Verzweiflung.« Er verfiel nicht in oberflächliches Hollywood-Geplauder, flüchtete sich nicht in Platituden, verheddterte sich nicht in den Fängen der Krake Leistungsgesellschaft, sondern stellte sich seiner Zerbrechlichkeit – und strahlte dadurch eine umso größere Stärke aus. Er war ehrlich, auch sich selbst gegenüber. Das war mutig. Fast schon beängstigend mutig.

Michael Ballhaus gab eine Schwäche zu, und das machte diesen großen Mann noch größer – und diesen Unsterblichen noch unsterblicher. Respekt. Und Hochachtung auch den Machern des Beitrags, dass sie diese kleine, doch so bedeutsame Interviewsequenz in ihren Nachruf aufnahmen. Sie setzen damit ein Zeichen gegen das immer mehr um sich greifende Oberflächlichkeitsfernsehen, so wie sich Ballhaus zeitlebens für mehr künstlerische Substanz im Kinofilm einsetzte.

April 2017

Inhalt